C·H·Beck
PAPERBACK

MICHAEL VON BRÜCK

Vom Sterben

Zehn Meditationen zur
spirituell-palliativen Praxis

C.H.BECK

Originalausgabe

www.chbeck.de
Umschlaggestaltung: geviert.com, Andrea Hollerieth
Umschlagabbildung: © Unsplash, Samuel Zelle
Satz: C.H.Beck.Media.Solutions, Nördlingen
Druck und Bindung: Druckerei C.H.Beck, Nördlingen
Gedruckt auf säurefreiem und alterungsbeständigem Papier
Printed in Germany
ISBN 978 3 406 75094 6

myclimate

klimaneutral produziert
www.chbeck.de/nachhaltig

Inhalt

Vorwort

Dies ist ein Buch vom Leben im Sterben! Das klingt zunächst wie ein eklatanter Widerspruch: im Sterben leben? Die Erfahrung und Lebenspraxis, um die es angesichts eines bewussten Sterbens geht, lässt sich schwerlich in einen Titel fassen, ohne dass Sterben und Tod einseitig oder gar verharmlosend dargestellt würden. Hier ist Sprachlosigkeit kein Mangel! Denn Sterben und Tod sind unausweichlich und oft mit großem physischem und psychischem Schmerz verbunden. Wir beobachten aber auch, dass Menschen in Frieden, ja sogar mit einer stillen Heiterkeit sterben können. Wie ist das möglich? Fragen bleiben offen, Antworten erst recht.

Es geht nicht nur darum, dass wir lernen, das Sterben annehmen zu können, sondern darum, wie wir angesichts von Sterben und Tod mehr und intensiver leben lernen, auch und gerade in den letzten Phasen unseres Lebens. In allen Religionskulturen, die ich kenne, hat man dazu ein reiches Erfahrungswissen überliefert, dass nämlich die Kunst des Sterbens (*ars moriendi*) eine Einübung in die Kunst des Lebens (*ars vivendi*) ist. Wie dies nicht nur Wunsch bleiben, sondern tatsächlich praktizierbar sein kann, so dass sich unsere Lebensqualität spürbar verändert, ist das Anliegen der folgenden Betrachtungen. Dann zeigt sich eine Leuchtkraft jenseits des Alltäglichen, eine Lebendigkeit jenseits von Leben und Sterben, *im* Leben und Sterben. Nicht mehr und nicht weniger.

Ostern 2020 Michael von Brück

Einleitung

Sterben? Ist es nicht besser, das Thema zu vermeiden, solange wir leben? Denn das Sterben kommt ohnehin, warum sollen wir uns die Lebenslust nehmen lassen durch unsinniges Grübeln: Wie ist das Sterben? Kann der Verlauf des Sterbens beeinflusst werden? Was ist der Tod? Gibt es ein Leben nach dem Tod? Gibt es einen Gott, der die Welt erschaffen hat und über Leben und Sterben wacht? Viele Menschen werden Antworten auf solche und ähnliche Fragen leidenschaftlich bejahen, und viele Menschen werden mit einem entschiedenen Nein jede Aussage zu einem möglichen Zustand über den Tod hinaus verweigern. Manche werden die Fragestellung ablehnen. Der Verstand zeigt uns: Wir wissen es nicht. Aber wir wissen, dass Leben und Sterben ein Geheimnis sind, ein unergründliches Drama, das Freude bereitet und unvermeidlich auch erhebliche Schmerzen. Menschen wollen in Frieden sterben. Ist ein solcher Wunsch erfüllbar, oder unterliegt alles dem Schicksal beziehungsweise dem Zufall? Bestünde etwa die Weisheit darin zu lernen, mit und im Sterben zu leben?

Im Sterben leben? Ist das nicht ein Widerspruch? Seit unserer Geburt entwickelt sich in uns Leben, und gleichzeitig stirbt auch immer etwas ab. Sterben ist ein Prozess, kein abruptes Ereignis. Wie verhalten sich Sterben und Leben zueinander? Können wir im Sterben leben? In zehn meditativen Betrachtungen versuchen wir, uns diesem Thema anzunähern. Ich werde Erfahrungen und Reflexionen mitteilen, bestimmte Überlegungen werden in unterschiedlichen Kontexten wiederholt und variiert, um Verhalten und mögliche Verhaltensänderungen aus unterschiedlichen Perspektiven zu erkennen. Es geht um unsere Einstellungen zu Leben und Sterben, um die Regulation von Gedanken und Emotionen, um die Entwicklung von Körpersprache und angemessener Kommunikation. Die Überlegungen beziehen sich auf das eigene Sterben und richten sich auch an Sterbende, Sterbebegleiter und Angehörige. Wie geht man angemessen mit dieser Grenzsituation menschlicher Existenz um, vor der die meisten Menschen Angst und Unsicherheit empfinden? Wir alle sind irgendwann einmal Sterbebegleiter und auch Sterbende; so muss beides im Blick sein, ob wir als Ärzte, palliativ arbeitendes Pflegepersonal oder Psychotherapeuten eine professionelle Distanz haben, oder ob wir als Angehörige und Freunde von Sterbenden zutiefst betroffen sind und nicht weiterwissen.

In den letzten Jahren sind zahlreiche Bücher zum Thema erschienen. Meist geht es um die medizinischen, pflegerischen und juristischen Belange, um palliative Möglichkeiten und Patientenverfügung, um Informationen über Abläufe in Krankenhäusern, Palliativstationen, Hospizen und bei mobiler palliativer Pflege. Solche Bücher sind äußerst hilfreich, und es ist gut, dass das Schweigen um Sterben und Tod endlich aufgehoben wird. Die Erfahrungen, die sich aus dem medizinischen Wissen und der palliativen Praxis ergeben, fließen in unsere Erwägungen ein und werden aufgegriffen, wo es nützlich ist. Dieses Buch allerdings handelt vor allem vom inneren Weg, von der Vorbereitung auf das Sterben mitten im Leben. Es will zeigen, dass und wie sich die alte «Kunst des Sterbens» (*ars moriendi*), die seit der griechischen und römischen Antike über das Mittelalter bis in die Seelenkunde der Neuzeit hinein gepflegt wurde und sich auch in Poesie und Musik niedergeschlagen hat, gerade heute hilfreich sein kann. Der Blick auf indische, chinesische und tibetische Kulturen wird uns weitere lebenspraktische Anregungen und Impulse geben. Außerdem wird jedes Kapitel mit Empfehlungen zu praktischen Übungen ergänzt. Es geht darum, wie solche Impulse die Lebensqualität jetzt, mitten in der Blüte unserer Schaffenskraft, erheblich erhöhen. Wie wir dadurch eine «Kunst des Lebens» (*ars vivendi*) entwickeln und bewusster leben! Und wie wir uns so auf den Prozess des Sterbens vorbereiten können, damit auch dann, wenn es so weit ist, Leben und Lebendigkeit so lange wie möglich erlebt werden können: *im Sterben leben.*

Jeder stirbt für sich allein. Das ist kein Slogan der Verzweiflung des modernen Menschen, sondern eine biologische Tatsache und ein Aspekt des Sterbens seit alters. Martin Luther predigt: «Wir sind allesamt zu dem Tod gefordert, und keiner wird für den andern sterben, sondern jeder in eigener Person für sich mit dem Tod kämpfen. In die Ohren können wir wohl schreien, aber ein jeder muss für sich selbst geschickt sein in der Zeit des Todes.»[1] Das ist die eine Seite. Anderseits wissen wir: Bis in die Neuzeit hinein gab es die Praxis des Sterbens und der Sterbebegleitung zu Hause im Familienkreis. Alle Religionen haben diesbezüglich je eigene Sterbekulturen entwickelt und praktiziert. Bis ins 19. Jahrhundert starb man im Kreis von Verwandten und Freunden. Aber zu allen Zeiten, wenn Seuchen ganze Landstriche entvölkerten oder auf den Schlachtfeldern ein Massensterben tobte, waren auch die Sterbenden mehr oder weniger auf sich allein gestellt, und die Einsamkeit des Sterbens erzeugte Angst. Als dann nach 1850 Großstädte emporwuchsen und viele, besonders Arme am Rande der Gesellschaft, anonym in «Hinterzimmern» und Spitälern lebten und starben, unbeachtet und von der Gesellschaft ignoriert, war dies auch ein Thema der Künstler, etwa von Rainer Maria Rilke, der einerseits vom je eigenen bewussten Tod dichtet, anderseits aber das Dahinsiechen und Sterben in dunklen Hinterzimmern, unbeachtet und einsam, beklagt.

Das Sterben in Gemeinschaft ist ein Wunsch der meisten Menschen und eine allen Kulturen bekannte Praxis. Aber auch im engeren Kreis von Familie und Freunden stirbt letztlich jeder Mensch allein, mit und in sich selbst. «Das letzte Hemd hat keine Taschen», man kann nichts mitnehmen außer – vielleicht – einem klaren Geist. Aber die Umstände des Sterbens können Trost oder Schrecken, Geborgenheit oder nacktes Ausgesetztsein bedeuten. Und die Reaktion des Sterbenden auf diese Umstände und Gefühle beeinflusst wiederum den Prozess des Sterbens. Wir alle – Angehörige, Pflegekräfte, Ärzte – wissen das. Aber häufig werden diese Tatsachen verdrängt.

Doch ein humaner Umgang mit dem Tod, der jedem seine Würde lässt, muss eingeübt werden, individuell wie gesellschaftlich. Angesichts der sozialen Not an vielen Sterbebetten auch in Mitteleuropa, in Anbetracht der mangelhaften institutionellen Versorgung von Alten und Kranken, aber auch im Blick auf die Hightech-Medizin, die das biologische Leben durch Technik erheblich verlängern kann, geht es um bewusst wahrzunehmende Verantwortung und Entscheidungen in Bezug auf das eigene Lebensende.

Niemand weiß seinen Tod voraus, und wir wissen nicht, was uns erwartet. Aber wir können Willensentscheidungen lange im Voraus treffen und uns vorbereiten, so gut es geht, damit wir uns den letzten Jahren, Monaten, Tagen und Stunden des Lebens anvertrauen können. Dass dann das Streben des Menschen zur Erfüllung des Lebens werden kann, hat bereits der griechische Philosoph Platon (428–348 v. Chr.) erhofft.[2] Die lateinischen Schriftsteller der Stoa, allen voran Seneca und Mark Aurel, haben der Kunst des Sterbens (*ars moriendi*) große Aufmerksamkeit gewidmet. Und der französische Philosoph Michel de Montaigne (1533–1592) hat in seiner berühmten Abhandlung über den Tod geschrieben: «Philosophieren heißt Sterben lernen.»

***

Dieses Buch möchte dazu einen Beitrag leisten. Es geht nicht in erster Linie um Religion, auch nicht darum, ob religiös Gläubige leichter sterben als nichtgläubige Menschen. Diese Frage lässt sich empirisch nicht entscheiden, und zwar schon deshalb nicht, weil unklar ist, was denn eine geistige Haltung als «religiös» qualifiziert. Geht es eher um Spiritualität, und wenn ja, was ist das? Spiritualität ist von Religion zu unterscheiden; ich verstehe darunter den bewussten Umgang des Bewusstseins mit sich selbst. Religion hingegen ist das Leben in und aus traditionellen Erzählungen und Ritualen, die das Leben nach einem letztgültigen Prinzip ordnen. Religiöse Erfahrungen, Überzeugungen und Rituale können ein Fundament für Vertrauen legen, im Leben wie im Sterben. Religiöse Überzeugungen und Erwartungen können aber auch Urteile und Selbstverurteilungen auslösen, wenn man sich selbst an der Norm misst und für gescheitert hält. Wir wissen, dass Nahtoderfahrungen Menschen ein tiefes Vertrauen geben können, eine Gewissheit, die Angst überwindet. Aber das lässt sich nicht verallgemeinern oder gar zu einem Dogma stilisieren.

Hier geht es also um eine meditativ-spirituelle Betrachtung des Sterbens, ein Thema, dem das Geheimnisvolle und letztlich nicht Ergründbare bleibt. Dabei werden wir durchaus auch rationale Argumente zu den einzelnen Aspekten und auch interreligiöse Vergleiche einbringen. Spiritualität im Sterbe- und Trauerprozess bedeutet vor allem, Angst abzubauen, Verlust und Trauer zu bewältigen, Mut zu fassen und Aufmerksamkeit für einen klaren Geist zu entwickeln. Dieses Buch möchte Menschen, die sich bewusst auf ihr Sterben vorbereiten wollen, und Menschen, die andere im Sterben begleiten, Anregungen zum Denken und zu einer Praxis für Leben und Sterben geben, die auf dem jahrhundertelangen Wissen der Menschheit in ganz unterschiedlichen Kulturen und Religionen aufbaut. Wir verknüpfen dabei unsere eigenen Erfahrungen in der Hospiz-Praxis und in der Meditation mit dem modernen wissenschaftlich-medizinischen Wissen, das auf pharmakologischen und psychologischen wie auch sozialpsychologischen Erkenntnissen beruht.[3]

Damit beleben wir die alte Kultur der Kunst des Sterbens (*ars moriendi*) als Kunst des Lebens (*ars vivendi*) neu. Diese hat, wie schon angedeutet, im europäischen Mittelalter bis ins 17. Jahrhundert hinein eine große Rolle gespielt. Der Tod war allgegenwärtig. Krankheit und Kriege rafften die Menschen schon oft in frühem Lebensalter dahin. Heute haben wir eine viel höhere Lebenserwartung, Krankheit zum Tode wird weitgehend verdrängt, und Sterbende werden noch immer in die Unsichtbarkeit abgeschoben. Aber dies ändert sich. Wir alle werden sterben, und sich darauf vorzubereiten muss keineswegs eine traurige Lebensunlust erzeugen. Ganz im Gegenteil, ein bewusster Umgang mit der eigenen Endlichkeit kann die Lebensqualität erhöhen, die Freude am Gegenwärtigen vertiefen und unseren Geist so formen, dass wir – so die Hoffnung – in Frieden sterben werden.

Freude und Scheitern, Hoffnung und Enttäuschung von Erwartungen, Lebensmut und Krankheit, Dankbarkeit und Verbitterung liegen oft nahe beieinander. Zwischen diesen Polen bewegt sich unser Leben, und es kommt auf eine bewusste Gestaltung an, um diese Widersprüche fruchtbar zu machen. Auch im Scheitern zu bestehen, auch im Schmerz den Kummer zu überwinden, durch die Klage hindurchzugehen zur Erfüllung, das ist das Grundmotiv der christlichen Erfahrung (und der buddhistischen Weisheit nah verwandt). Mitten im Tod Jesu klingt das Motiv der Erlösung an, mitten im Scheitern menschlicher Erwartung zeigt sich die Öffnung zu göttlicher Erfüllung. Weihnachten und der Karfreitag durchdringen einander, wie Johann Sebastian Bach so eindrucksvoll am Beginn des Weihnachtsoratoriums zeigt, wo die Frage an das Jesuskind «Wie soll ich dich empfangen?» auf die Choralmelodie eines Passionsliedes gesungen wird, wo also Geburts- und Leidensgeschichte verknüpft werden. Kann man dem Leiden einen Sinn abgewinnen? Manchmal durchaus, aber nicht immer. Aber immer facht Leiden die Sehnsucht nach Befreiung an, und es kann in uns das Mitgefühl für das Leiden anderer wachrufen. Dann sind Leiderfahrungen ein Gewinn an Reife.

Eine wesentliche Übung für eine Integration solcher Widersprüche ist die Praxis der Dankbarkeit. Ich möchte zeigen, dass und wie diese eingeübt werden kann und das Lebensgefühl des Menschen, auch des leidenden, konstruktiv verändert, so dass wieder neue Freude möglich wird. Sterben lernen bedeutet nicht, das Leben um jeden Preis zu verlängern, weder durch Hightech-Medizin noch durch eine psychosomatische Technik, die dann Spiritualität genannt würde. Im Hospiz und in der Sterbebegleitung überhaupt geht es bei dem palliativen

Ansatz vor allem darum: *Nicht dem Leben mehr Tage geben, sondern dem Tag mehr Leben geben.*

***

Menschen können schwer, leider auch würdelos sterben, unter kaum erträglichen Schmerzen. Doch müssen Schmerz und Leiden unterschieden werden. Schmerz ist ein Bündel von Empfindungen, die der Körper durch neuronal verknüpfte Signale hervorruft. Leiden ist eine geistige Reaktion darauf, die beeinflusst werden kann. Viele Fallberichte zeigen, dass man lernen kann, mit Schmerzen zu leben, und sich dadurch auch das Leiden vermindern lässt. Allerdings: Ein Sterben in Schmerzen kann man nur aushalten, selbst wenn Medikamente Linderung bringen können. Bei Unfällen oder gewaltsamer Fremdeinwirkung, aber auch bei schwerer Krankheit wäre es völlig unangebracht, von einem «guten Sterben» sprechen zu wollen. Besonders der Tod junger Menschen erschüttert uns und wirft die Sinnfrage auf, die wir nicht beantworten können. Beschwichtigungen oder Verdrängung der Verzweiflung würden nicht nur einen noch unerträglicheren Stress – und womöglich Vorwürfe in jeder Richtung – heraufbeschwören, sondern alle Beteiligten überfordern. Dann bleibt nur, das Leid gemeinsam auszuhalten, und genau das kann eine so tiefe Verbundenheit wachsen lassen, dass ein Licht am Horizont auftaucht. Dramatisch wird die Situation, wenn Kinder sterben, und zwar nicht nur, weil das Unbegreifliche des Schicksals jede Fassung nimmt, sondern auch, weil oft Schuldgefühle auftauchen – seitens der Eltern, manchmal auch seitens der Kinder. Hier ist rechtzeitige Verabschiedung nötig, Wiederholung und Gewöhnung an die Situation, vor allem das Zulassen von Dankbarkeit für das Gemeinsame. Krebskranke Kinder und Eltern krebskranker Kinder brauchen genauso Zeit für einen begleiteten Trauerprozess wie Kinder krebskranker Eltern. Alle Begleitung muss darauf gerichtet sein, verborgene oder offenkundige Schuldgefühle auszuräumen, indem sie zugelassen und bearbeitet werden. Dazu bedarf es womöglich therapeutischer Intervention. Aber auch hier können Erzählungen aus den Religionen oder Beispielgeschichten Zusammenhänge herstellen und widerstrebende Ebenen menschlicher Erfahrung verknüpfen, so dass Sinn gestiftet wird. Und Sinn ist eine Brücke zur Freiheit aus dem Schmerz. Große oder kleine Rituale können in solchen Momenten besonders hilfreich sein, weil sie mitten in der Zeit einen Anflug von Zeitlosigkeit und die Einheit des Gegensätzlichen spürbar werden lassen, gerade wenn Kontrolle ganz aufgegeben werden muss.

Nicht nur Sterbende, auch die Angehörigen befinden sich oft in einem Emotionschaos, mit Verlustängsten und Schuldgefühlen, vor allem wenn keine eindeutige Patientenverfügung vorliegt und Entscheidungen zu treffen sind. Ärzte können dann nicht nur, sie müssen empathisch und mit Aufmerksamkeit für den Einzelfall beratend zur Seite stehen. Ärzte haben nicht nur Verantwortung für das Leben, sondern auch für das Sterben. Das Therapieziel ist in solchen Augenblicken nicht die Verlängerung des Lebens, sondern das Sterben in Würde. Und das ist möglich, wenn wir lernen, eine Haltung der Ehrfurcht vor dem Unbekannten und Unbegreiflichen, vor dem nicht Kontrollierbaren einzunehmen. Das verlangt Mut und die Überwindung von Ängsten. Ängste entwickeln wir bei Kontrollverlust oder wenn wir mit einer Situation nicht vertraut sind. Tiefe ekstatische Erfahrungen der Hingabe und dramatische Verluste sind solche Erschütterungen des Übergangs, bei denen wir in Unbekanntes eintauchen und, wenn nach menschlichem Ermessen alles gut geht, mit Vertrauen wieder auftauchen können. Sterben ist der radikalste und emotional am meisten fordernde Übergang. Jeder Übergang im Leben war transformierend – Pubertät, Adoleszenz, Hochzeit, Orts- und Arbeitswechsel und der Eintritt in die Altersruhe haben uns gelehrt, dass es nicht hilfreich ist, am Gewohnten festhalten zu wollen. Ob und wie man eine solche Haltung kultivieren kann, wird uns in den folgenden Betrachtungen beschäftigen.

Für Sterbebegleiter ist es vor allem wichtig zu lernen, von der Ausrichtung auf Erfolg ihres Handelns abzulassen. Joan Halifax erwähnt in ihrem Buch über das Sterben drei Grundsätze, die fundamental sind, um am Sterbebett eine angemessene Haltung entwickeln zu können:[4] Nichtwissen, Anteilnahme und mitfühlendes Handeln. Wir wissen letztlich nicht, was uns erwartet, weder im Sterben noch im Tod. Aber es gibt Hoffnungen, die begründet, gestärkt oder vielleicht sogar geweckt werden können. Mitfühlendes Handeln ist dann authentisch, wenn wir im Wissen unseres Nichtwissens und in emotionaler Anteilnahme dem sterbenden Menschen weder unsere eigenen Ängste noch unsere Hoffnungen aufdrängen, geschehe dies nun bewusst oder unbewusst, sondern gemeinsam vor dem Rätsel des Todes schweigen lernen. Dem Sterbenden die Führung zu überlassen, selbst nichts zu wollen, kann in intensivere Gemeinschaft führen. Schweigen und Nachsinnen können tiefe Verbindung und Bindung ermöglichen. Das lässt sich bekräftigen durch Zeichen der Gemeinsamkeit, indem etwa ein kleiner Gegenstand wie eine Glaskugel, eine Blüte oder ein Stein schweigend gereicht und betrachtet wird. Darin bildet sich die Haltung der Ehrfurcht angesichts von Sterben und Tod ab.

***

Ich habe zu danken allen denen, die mir durch ihre Erfahrung in der Begleitung Sterbender Augen und Herz geöffnet sowie den Verstand geschärft haben, vor allem den Mitarbeitern, Gastdozenten und Teilnehmern der Kurse in der Palliativ-Spirituellen Akademie am Domicilium in Weyarn bei München, die ich gemeinsam mit meinem Kollegen Prof. Dr. Stefan Lorenzl (Chefarzt Neurologie, Klinikum Agatharied) zu leiten die Ehre und Freude hatte. Die Teilnehmer der Kurse – Ärzte, Therapeuten, Sterbebegleiter, palliatives Pflegepersonal und betroffene Menschen aus allen Interessengruppen – haben mich unendlich viel gelehrt, allen voran Helena Snela, die kompetente Leiterin der Hospizarbeit am Domicilium. Ebenso danke ich all den Menschen, die ich im Hospiz, am Sterbebett zu Hause oder im Krankenhaus begleiten durfte. Ich danke auch meinen Schülerinnen und Schülern, die mit mir über Jahrzehnte hinweg bei den regelmäßigen Yoga- und Zen-Kursen im persönlichen Gespräch Tiefen und Abgründe des menschlichen Lebens und Sterbens ausgelotet haben. Ein besonderer Dank gilt meiner Frau Dr. Regina von Brück, denn unsere ungezählten Gespräche um Leben und Sterben haben meine Erfahrung wesentlich vertieft; sie hat das Manuskript gelesen, entscheidende Anregungen gegeben, Behauptungen immer wieder in Frage gestellt und so zu einer ausgewogenen Sicht der *ars moriendi et vivendi* erheblich beigetragen.

Übungen

1. Stellen Sie sich vor, dass Sie noch eine Woche zu leben haben. Was ist Ihnen jetzt wirklich wichtig?
2. Wenn möglich, setzen Sie mit Mut und Selbstüberwindung unverzüglich um, was Sie sich vorgestellt haben.

1. Stille

Stille ist bewusster Verzicht nicht nur auf Lärm, durch den wir uns abzulenken versuchen oder Angst übertönen wollen, sondern auch auf den Lärm der Gedanken, der Ansprüche und Erwartungen. Stille übt ein in Bescheidenheit und Demut. Stille kann man lernen, und sie zu genießen ist der Aufbruch in innere Freiheit und ein wesentlicher Impuls für die Vorbereitung auf ein Leben und Sterben in Frieden.

Ich möchte zwei Anekdoten erzählen, um unterschiedliche Qualitäten von Stille zu zeigen. Vor vielen Jahren war ich eingeladen zu einem Vortrag in eine Hallenkirche in einer mittelsächsischen Stadt. Im Hinterschiff der Basilika drängten sich die Besucher auf der Suche nach einem Platz, und das geräuschvolle Rücken der Stühle verursachte einen beachtlichen Lärmpegel. Ich stand an meinem Pult und wollte beginnen, aber um mich bemerkbar zu machen, hätte ich laut rufen müssen. Das schien mir jedoch unangemessen, da ich einen Vortrag über die Stille halten sollte. Da ging durch das Geschiebe in den Gängen mit großem Getöse eine Vase zu Bruch, die auf einem Sockel gestanden hatte. Vor Schreck war alles still, und in diese Stille hinein hörte man das Läuten der Kirchenglocken. Erfüllte Stille.

Die zweite Situation: Ich lebte schon seit einigen Jahren mit meiner Familie in Südindien. Indien ist ein Land der Extreme zwischen Einsamkeit und stiller Konzentration in den Yogazentren am Rand der bewohnten Welt und dem Lärmen, Hupen und Dudeln des Durcheinanders von Verkehrsgeräuschen, Filmmusiken, Gebetsgesängen der Religionen und politischen Wahlkampfparolen in den Straßen. Wenn die übersteuerten Lautsprecher plärren, ist es ein einziger Ohrenschmerz, ein Konkurrenzkampf, der in Dezibelstärken ausgetragen wird. Bis schließlich der Strom abgeschaltet wurde. Dann war Ruhe. Aber eine Ruhe, die nicht Stille ist, denn die Leute kochten vor Wut. Es war ihnen nur zeitweilig das Megafon entzogen worden, um dann weiter mit Lärm die Welt zu beglücken. Es war also keine Stille, sondern nur abgeschalteter Lärm.

Die beiden Geschichten zeigen, dass Stille nicht gleich Ruhe und Ruhe nicht gleich Stille ist. Für das Leben wie für das Sterben gilt in gleicher Weise, dass äußere Ruhe zwar Entlastung, aber noch nicht inneren Frieden bringt. Das heißt konkret, dass Ängste und Wut, Verzweiflung und das Erschrecken über die eigene Machtlosigkeit angesichts des Todes nicht verdrängt werden dürfen. Sie müssen sich äußern können. Das ist ein wesentlicher Aspekt der Trauerrituale in vielen Religionen, ganz besonders in der jüdischen, wo die Klage, ja die Anklage gegen Gott ausgedrückt werden darf. Wir wissen, dass wir uns und das Leben nicht uns selbst verdanken, sondern jeder Atemzug, jeder Herzschlag zu uns kommt. Und auch hier wissen wir aus Erfahrung, dass ein «Ich» überhaupt erst entsteht durch viele Faktoren, auf die unser Wille gar keinen Einfluss hat. Das bewusste Ich segelt auf einem Meer von Lebensprozessen, die manchmal wild und chaotisch, manchmal geordnet und besänftigt erscheinen, die wie Wogen über uns zusammenschlagen können oder wie eine stille Wasseroberfläche ein überschaubares Terrain abgeben. In jedem Fall bezeichnen sie etwas, das *vor* allen Ängsten, Wünschen und Entscheidungen liegt. Wir können uns dem überlassen oder aufbegehren; beides hat, wenn es um Leben und Sterben geht, seine Zeit.

Die Kunst des Sterbens besteht in dem Lernprozess, den Tod ebenso wie das Leben annehmen zu können. Inbegriff einer solchen Haltung ist das, was mit Weisheit gemeint ist. Sie hat erhebliche Bedeutung für die Art und Weise, wie wir leben und sterben. Doch das ist ein Prozess. Und keiner hat es letztlich in der Hand, wir können nur versuchen, uns so gut wie möglich vorzubereiten. Meist sind wir hin- und hergerissen, und auch das gilt es zu durchleben und annehmen zu lernen. In diesen Prozessen gibt es Zeiten des (inneren) Friedens und des Unfriedens. Wir leben als Gemeinschaftswesen nicht für uns selber, sondern in einer Welt, die sich aus wechselseitigen Beziehungen ständig neu umgestaltet. Daraus folgt, dass «in Frieden leben und sterben» sowohl mit äußeren Umständen als auch mit inneren Einstellungen zusammenhängt. Wer nur eine Seite sieht, dem bleibt die andere Seite verborgen.

Viele Menschen leben, als würden sie niemals sterben: Reichtümer werden angehäuft, die uns für Jahrhunderte versorgen könnten, Machtpositionen werden wie für Ewigkeiten ausgebaut und rechthaberisch verteidigt. Als gelte es, für immer alles festzulegen, und das, obwohl wir aus Erfahrung wissen, wie schnell sich die Dinge ändern können und dass unser Leben jederzeit vorbei sein kann. Hinter all dem verbirgt sich eine tiefe Lebensangst. Wir schaffen Unfrieden in der Welt aus Angst. Und diese gründet in unserem Unwissen darüber, was und wer wir sind.

Die Angst ist eine starke Wurzel für den Unfrieden im Menschen und in der Welt um ihn. Angst und Unfrieden, die sich aggressiv äußern, erfassen alle Lebensbereiche, auch die Religionen. Soweit wir in die Geschichte der Menschheit zurückschauen können, ist das nie anders gewesen. Die technischen Mittel, die wir heute haben, um uns kriegerisch gegenseitig zu bedrohen und zu vernichten, sind zwar perfektioniert, aber das Aggressionspotential ist immer schon vorhanden gewesen. (Übrigens auch in Stammesgesellschaften, die wir ja noch in einigen Gegenden der Welt beobachten können.) Die Geschichte der Menschheit ist eine Geschichte von Verdrängung – Verdrängung des Lebensraumes anderer Arten und Verdrängung der Abgründe, in die man blickt, wenn Unerwartetes hereinbricht, sei es in Gestalt des Fremden oder in Gestalt einer Krankheit und des Todes. Es ist auch eine Geschichte des Diebstahls, teils aus Not, teils aus Machtstreben. Und auch ein Kampf aus Eifersucht, wenn es ein Nachbarstamm oder eine Nachbarstadt oder ein Nachbarstaat weiter gebracht hat als man selbst. Dann vergleicht man und Neid zerstört den Frieden. Dann sinnt man auf militärische Mittel, um sich in den Besitz dieser Güter zu bringen. So weit wir schauen können – Unfrieden.

Die Religionen haben daran wenig geändert. Im Gegenteil, Religionen beanspruchen, die Wirklichkeit zu erfassen. Sie behaupten, *die* Offenbarung des Einen Gottes zu besitzen, zu verwalten und nach allen Maßgaben der Kunst weiterzugeben, damit die Menschheit durch diese Erkenntnisse, Anweisungen und Lebensformen gerettet oder wenigstens zivilisiert werde. Das Problem ist, dass es viele Religionen gibt, die in historischen Kontexten miteinander in Konkurrenz treten, dass also mehrere Religionen die gleichen Ansprüche stellen und dadurch in Konflikte geraten. Mit anderen Worten: Die Geltungsbedürfnisse und Ansprüche der Religionen sind ein zusätzlicher Faktor des Unfriedens und der Gewalt. Solche Gewalt ist nicht nur ein Missbrauch von Religion für politische oder ökonomische Zwecke, sondern ein Problem, das mit den Religionen, sofern sie überregionale Gültigkeit beanspruchen, gegeben ist.

Der Unfriede stellt sich ein, wenn wir glauben, im Besitz der Wahrheit zu sein. Das, was in den Religionen durchaus selbstkritisch als Idolatrie oder Götzendienst bezeichnet wird, gilt auch für die je eigenen Vorstellungen und Rituale. «Götzen» sind nicht nur die in Stein gehauenen oder in Metall gegossenen Gottesbilder der anderen, sondern auch die eigenen Bilder, Begriffe und Theorien. Sie alle sind menschliche Hilfsmittel, die im besten Fall Annäherungen an Wahrheit sein können, das «Absolute» aber nie erreichen. Eine «Begriffsidolatrie» ist gefährlicher als die Anbetung eines Götzen in Stein, denn man merkt die Verwechslung oft nicht: *Mein* Begriff und *meine* Vorstellung von Gott, *meine* Ansicht über Leben und Sterben sind doch gültig und richtig – oder? Die Begründung kann ganz unterschiedlich ausfallen: Die einen berufen sich auf heilige Traditionen, die anderen auf ihre unumstößliche subjektive Erfahrung. «Ich weiß», heißt es, «und du nicht.» Hier ist die Gefahr des Bescheidwissens nicht nur ein erkenntnistheoretischer Stolperstein, denn die vermeintliche Überlegenheit bringt Unfrieden, bis hin zur unfriedlichen Haltung am Sterbebett. «Ich weiß und muss dir sagen, wie du zu sterben hast und, wenn du keinen Frieden findest, was du falsch gemacht hast.» Hier wird Rechthabenwollen (nicht selten aus eigener Angst, weil die begleitende Person selbst mit dem Sterben nicht umzugehen vermag) zur unerträglichen Arroganz und Bevormundung des anderen. Begleitung von Sterbenden aber ist zuerst und vor allem *Zurückhaltung, Zuhören und Schweigen!* – daran sollten wir uns stets erinnern.

Sonst ist Unfrieden. Dieser hat eine Ursache in der Unsicherheit des menschlichen Lebens, die kompensiert wird durch das Bedürfnis nach Kontinuität und Verlässlichkeit. Darum beharren wir auf Vorstellungen, Anschauungen, Besitz und Ritualen – besonders solchen, die mit der Kindheit zu tun haben –, weil dies vorläufigen Halt gibt. Wenn sich schon alles ändert, so sollen doch diese «Gewissheiten» ein wenig Sicherheit bieten. Das kann psychologisch durchaus sinnvoll und hilfreich sein, wie wir noch zeigen werden. Aber der Preis für solche «Sicherheiten» ist hoch. Im Extremfall sind Menschen dafür bereit, den Bruder oder die Schwester zu erschlagen, wie die biblische Geschichte von Kain und Abel zeigt. Kain und Abel sind überall, und so bitter das ist, umso wichtiger ist es, dass wir uns dieser Tatsache stellen.

In den Religionen haben wir es wohl auch gerade deshalb mit dem Lärm von Begriffen und Ansprüchen zu tun, weil sie die Erwartungen verabsolutiert haben, um Angst zuzudecken. Wer von Angst erfasst ist, «pfeift im Walde» und macht Lärm. Lärm vermittelt ein Gefühl von Selbstbestätigung und Selbstvergewisserung. Aber genau dieser Lärm führt in weitere Schwierigkeiten, denn der andere Mensch (oder der andere Stamm, das andere Volk, die andere Religion), der als Nachbar oder Gegner auftreten kann, macht seinen eigenen Lärm. Das sprichwörtliche «Pfeifen im Walde» ist der Grund für den Lärm in der Welt, und es ist nichts anderes als der Versuch, die Ängste und die Unsicherheit der menschlichen Existenz zuzudecken. Sie zu bewältigen ist der Schlüssel zu allem Weiteren.

Können wir angesichts der Endlichkeit des Menschen, angesichts von Krankheit, Tod, Verlust und Unfällen, die unseren Lebensplan plötzlich radikal zerstören, können wir überhaupt eine Sicherheit finden, die diese Grundängste des Ausgesetztseins, der Einsamkeit und des Verlustes zu überwinden vermag? Erst wenn es möglich wäre, eine solche Sicherheit oder Gewissheit zu finden, wären wir in der Lage, das «Pfeifen im Walde» zu lassen, den inneren und äußeren Lärm in Form von Aggression und sinnloser Betäubung zu überwinden. Alle Theorien über die Stille und über das Wohlsein in der Stille, über die Religionen und den Frieden, den sie versprechen, nützen nichts, wenn sie nicht dazu verhelfen, den *inneren* Frieden zu finden, und das bedeutet, innere Sicherheit und Gewissheit zu finden dadurch, dass die Grundängste der Menschen überwunden werden.

Die Religionen sprechen von Glauben. Und Glauben bedeutet Vertrauen in eine Wirklichkeit Gottes, die den Lärm der Welt, den Unfrieden der Welt, die Angst der Welt bewältigt hat. Dies ist das Thema der Abschiedsreden Jesu, wie sie ihm im Johannesevangelium in den Mund gelegt werden. Und dies bedeutet der Satz, dass man sich dem Willen Gottes überlassen müsse, den der Islam lehrt. Und das meint der Buddhismus, wenn er von der Entdeckung der Buddha-Natur spricht, die jeder Mensch in sich trage. Aber so leicht ist es eben nicht, denn es trägt nicht, solche Sätze ansprechend und plausibel zu finden, ohne dass eine solche Gewissheit auch tief im Bewusstsein verankert ist. Es geht um eine *Entdeckung* des Friedens in den tiefsten Schichten unserer bewussten Existenz, jenseits der Stürme, Wellenbewegungen und Schicksalsschläge des Lebens. Diese Entdeckung ist das, was wir spirituelle Praxis nennen – es kann ein langer Weg sein oder manchmal auch ein plötzliches Erwachen, meist nach langer Übung der Achtsamkeit und Versenkung. Diese Praxis kann ganz unterschiedliche Gestalten annehmen. Immer aber ist sie gekoppelt an die Überwindung von Angst.

Unsere emotionalen Erwartungen und Ängste haben wir im Laufe der Evolution erworben. Sie gehören zu einem Abwehr- und Sozialisierungsverhalten, das unter den Bedingungen des Lebens in kleinen Gruppen vermutlich nützlich und hilfreich war. Doch erstens können sich Ängste verselbständigen, und zweitens haben sich die Lebensbedingungen seither radikal gewandelt. Betrachtet man die dokumentierte Geschichte der Menschheit, also die letzten vier- bis fünftausend Jahre, so ist zu bedenken, dass dies nur ein winziger Teil der Geschichte des Menschen ist. Von den Jahrzehntausenden zuvor ist kulturgeschichtlich fast nichts bekannt. Bereits diese kurze Zeitspanne, die wir ein wenig kennen, lehrt, dass sich Ängste und Verhaltensformen ständig verändern und neue Strategien der Bewältigung entwickelt werden. Was geschichtlich entsteht, verändert sich auch geschichtlich; das betrifft Siedlungsgewohnheiten ebenso wie Religionen und Lebensanschauungen. Dass wir leben und sterben, ist die Konstante, aber wie das geschieht, mit welchen Erwartungen und Lebensformen, verändert sich.

In fast allen heutigen Lebenszusammenhängen (psychologisch, sozial, demographisch, ökologisch) erleben wir, dass das Leben aus der Balance geraten ist. Die Zweifel wachsen, ob die Menschheit überhaupt eine Zukunft hat. Diese Imbalance betrifft auch ganz wesentlich unseren Umgang mit Leben, Sterben und Tod. Wenn also darüber nachgedacht wird, wie wir *in Frieden sterben* können, stellt sich automatisch die Frage, wie wir *in Frieden leben* können. Das hat eine individuell-spirituelle und eine kollektiv-spirituelle Dimension, und beide sind eng miteinander verflochten. Angesichts von Stress in modernen Gesellschaften, der uns «nicht bei uns sein» lässt, und angesichts der Ungerechtigkeit wie auch der unsäglichen Leid- und Gewalterfahrungen im gesellschaftlichen Leben wächst der Kompensationsdruck gegenüber Angst und Unsicherheit. Dies verschlimmert die Lage erheblich, weil die leidvoll empfundene Einsamkeit zunimmt. Viele Menschen protestieren, weil sie nicht mehr Anteil am anderen und an der Gemeinschaft haben können, und dieser Protestschrei mündet nicht selten in Gewalt. Das ist nicht neu, aber die Dimensionen und Mittel sind neu.

Alle Religionen, die ich kenne, sind Versuche der Antwort auf dieses Dilemma, abhängig von den klimatischen und sozialen, den psychologischen und politischen Bedingungen, unter denen sie entstanden sind. Sie haben Visionen entwickelt und Verhaltensweisen empfohlen, um dem Menschen zumindest ein gewisses Maß an Sicherheit zu bieten. Dafür haben Menschen nicht selten einen gehörigen Teil ihrer Freiheit geopfert, was heute so nicht mehr akzeptiert wird. Die Suche nach Spiritualität und einer Kultur der Stille im genannten Sinn zeigt aber, dass die Sehnsucht geblieben ist. Wir können sie nur stillen, wenn wir genau zuhören, was uns Lebende und Sterbende berichten. Und wir können neue Wege erproben, die auch das Alte nicht außer Acht lassen. Die «göttliche Wirklichkeit», die allem zugrunde liegt, lässt sich nicht in Begriffe fassen. Religionen, die das behaupten, haben sich zu viel vorgenommen, aus welchen Gründen auch immer. Eine erfahrene Spiritualität weist auf das Geheimnis hinter allem Leben hin, auch mit den Ausdrucksmitteln der Religionen. Und sie bleibt offen für das, was wir nicht kennen. Dazu gehören vor allem Sterben und Tod.

Wer meint, er könne «Gott» in Begriffe fassen und beschreiben, spricht über seine Vorstellungen von Gott, nicht aber von Gott. Das ist keine moderne Erkenntnis, sondern sie liegt in den Ursprüngen der Religionen selbst, namentlich auch der christlichen Theologie, etwa bei dem «Kirchenvater» Gregor von Nyssa (ca. 335–395 n. Chr.). Er lehrte, dass kein Name genüge, um Gott zu bezeichnen. Denn jede Bezeichnung ist eine De-Finition, eine Be-Grenzung. Wenn man von Gott reden will, meint man aber das Unbegrenzte. Daraus hat sich die sogenannte negative Theologie entwickelt, die besagt, dass man von Gott nur sagen kann, was er nicht ist. Von Dionysios Areopagita (6. Jh. n. Chr.) über Thomas von Aquino (1225–1274) bis zu Paul Tillich (1886–1965) und vielen anderen ist diese Erkenntnis weiterentwickelt worden. In anderen Religionen klingt das ähnlich, so wenn in den indischen Upanishaden gesagt wird, dass «Er» oder «Es» «weder dies noch das» sei (*neti* ....*neti*), oder wenn der Buddha jede Aussage über Gott und Anfang beziehungsweise Ende der Zeit ablehnt, weil der Verstand sich dabei in Widersprüche verstricken müsse. Das gilt natürlich auch für mögliche Aussagen über den Tod beziehungsweise ein Jenseits des Todes, das wir als «Ewigkeit» bezeichnen und damit eben nicht bezeichnen. Denn Ewigkeit ist nicht bloß eine unendliche Verlängerung der Zeit, sondern das, was jenseits von Raum und Zeit wäre, was wiederum nicht denk- und vorstellbar ist, da der Verstand an die Zeit gebunden ist. Wir wissen jedoch von Zuständen des Bewusstseins, die zumindest eine völlig andere Zeiterfahrung beinhalten; diese werden auch im Sterbeprozess beobachtet und meist mit Nahtoderfahrungen assoziiert. Wir werden darauf zurückkommen.

Die Einsicht, dass unser Verstand nicht an das Geheimnis der Welt, des Lebens und des Sterbens heranreicht, verlangt uns Ehrfurcht ab, welche heute wenig Popularität genießt. Ehrfurcht lässt uns in Stille warten. Vielleicht können wir das, worum es geht, hymnisch und rituell ausdrücken, in Klage und

Freude, und das Geheimnis, aus dem alles kommt und auf das hin alles zuläuft, auf diese Weise zelebrieren und staunend daran Anteil nehmen. Unsere eigene Ahnung durch die Ahnungen der anderen ergänzen lassen. Aber sicher wissen können wir hier nichts.

Gewissheit muss nicht in Wissen gründen, sondern wurzelt auch im Vertrauen, das sich auf eigene Erfahrungen im Leben stützt. Und darum geht es hier. Das ist die Grundlage jeder Mystik und jeder negativen Theologie. Eine solche Einsicht hat aber die Religionen meist nicht daran gehindert, dennoch mit vielen Worten und Behauptungen einigen Lärm zu erzeugen. Das hängt, wie eben gezeigt, mit der Angst zusammen. Ein weiterer Grund ist die Identitätssuche des Menschen. Identitätssuche bedeutet herauszufinden, wer man eigentlich ist. Dazu bedarf es der Abgrenzung. Diese führt dann dazu, dass das Ich oder das Ego sich behaupten muss, um nicht unterzugehen. Das lernt das Kleinkind im Familienverbund, und es setzt sich fort in der Arbeitswelt, in der politischen Welt und natürlich auch in den Religionswelten. Schließlich kommt, ich erlaube mir, dieses simple Wort zu gebrauchen, noch die Dummheit hinzu, die Behauptungen der anderen mit der Sehnsucht nach dem Eigenen verwechselt, die Dummheit, das Ich in törichtem Trotz und gegen die Lebenswirklichkeit des Verbundenseins und der wechselseitigen Abhängigkeit allen Lebens in egozentrischer Weise behaupten zu wollen, die Dummheit also, die Stille gegen Lärm einzutauschen. Dieser Lärm kulminiert in den exzessiven Formen von Gewalt und Konsumgier, die unsere Zeit erschüttern und das Leben auf der Erde gefährden.

Ist der Mensch tatsächlich so dumm, dass er seinen eigenen Untergang inszeniert? Diese Frage stellt sich ja nicht erst in den letzten Jahren, sondern seit den Weltkriegen und Massenmorden im 20. Jahrhundert, angesichts der ständigen Optimierung von Massenvernichtungswaffen und vor allem auch bei der Zerstörung der eigenen Lebensgrundlagen durch die Vergiftung des Wassers, der Erhitzung der Atmosphäre, der Zerstörung der Erde. Sind wir tatsächlich *Homo sapiens?* Treibt uns wirklich die Sapientia (Weisheit oder zumindest Einsicht), oder werden wir von etwas ganz anderem getrieben, eben von Dummheit, Angst und Ich-Behauptung? Was haben aber Sterben und Tod damit zu tun? Sehr viel, denn aus der *ars moriendi* (Kunst des Sterbens) folgt eine *ars vivendi* (Kunst des Lebens), und umgekehrt. Einer der wichtigsten Sätze der Bibel dazu lautet: «Lehre uns bedenken, dass wir sterben müssen, auf dass wir klug werden.» (Psalm 90,12)

Reden ist Silber, Schweigen ist Gold. So weiß es der Volksmund im Sprichwort. Dies gilt in besonderer Weise, wenn wir am Sterbebett eines Menschen sitzen. Doch in vielen Situationen verbindet Sprache auch, wobei es nicht nur auf das *was*, sondern vor allem auf das *wie* ankommt. Sprache, die andere ermutigen will, sollte aus dem Zuhören kommen, sie kann vorsichtig etwas, das vom Gegenüber kommt, verstärken oder ganz behutsam einen anderen Akzent setzen, wenn es die Erfahrung gebieten sollte. Sprechen ist hier mehr noch als sonst *Ant-wort*, das heißt ein Wort, das sich auf den anderen einlässt und von *seinen/ihren* Bedürfnissen ausgeht. Es ist auch Mitteilung einer Erfahrung oder Erkenntnis, wobei das Miteinanderteilen wichtig ist, und das kann nur dann authentisch sein, wenn Kopf und Herz gleichermaßen beteiligt sind. Ein Sprechen, das aus dieser Tiefe von Kommunion kommt, zerstört die Stille nicht, sondern verstärkt sie.

Es gibt ein beredtes Schweigen, und es gibt ein peinliches

Schweigen. Es gibt ein schwatzhaftes Sprechen, und es gibt ein mächtiges Sprechen. Interessanterweise teilen alle Kulturen eine fundamentale Erfahrung, die sich in der Kunst, in der Religion und auch im Alltäglichen manifestiert, dass nämlich das kraftvolle und machtvolle Wort aus dem Schweigen kommt. Es ist ein Unterschied, ob sich ein Wort artikuliert oder ob Wörter dahingeredet werden. Langsamkeit, leiser und weicher Ton, Melos in der Stimme sind Indikatoren für den Unterschied. Je mehr geredet wird, umso eher wird die Rede zum Geschwätz. Wenn aber Worte kraftvoll sind, aus einer tiefen Erfahrung der Stille, aus der betroffene Anteilnahme und Zugewandtheit kommen, dann können sie kraftvoll werden. Schweigen und Worte sind also keine Gegensätze, sondern aufeinander angewiesen. Die Liturgien der Religionen beinhalten Körpersprache, symbolische Gesten, Tanz und Worte. Das Wort, das aus dem Schweigen kommt und ins Schweigen führt, kann eine über den Augenblick und über mentales Verstehen hinausgehende Bedeutung tragen. Wer wüsste nicht, dass die Liturgie Kraft geben kann, auch am Sterbebett. Sie ist Ver-*antwortung* gegenüber dem Elend der Welt, auch gegenüber der Krankheit und dem Sterben, das ja keineswegs immer in heiterer Gewissheit abläuft, sondern sich unter Schmerzen und Verzweiflung dahinquälen kann. Ein Ausdruck für dieses Elend hat auch in der Liturgie einen unverzichtbaren Platz.

Die Kraft des Schweigens im Kontext von Sprache kann an drei Lebenssituationen verdeutlicht werden, die in der individuellen Geschichte des Menschen eine große Rolle spielen und Möglichkeiten bieten, Angst, Egozentrismus und Dummheit entgegenzutreten, langfristig gar zu überwinden. Aber auch auf der Ebene des Zusammenlebens von Menschen im Staat, in den Religionen oder gar in der globalen Völkergemeinschaft sind diese drei Elemente von Bedeutung. Sie sind entscheidend für die Praxis der Einübung ins Sterben:

1. Die Achtsamkeit
2. Die Angstüberwindung
3. Die Suche und das Streben nach Autonomie

1. Die Mythen und Märchen der Menschheit kennen das Motiv, dass man sich in unwegsame einsame Gegenden zurückzuziehen habe, um seine Lebensbestimmung zu finden. Solche Gegenden können Berge, die Wüste, der Dschungel oder das Meer sein. Es sind Zeiten kreativer Inkubation. Der Held oder die Heldin macht die Erfahrung von einsamer Stille, der Bewältigung von Angst und des Abenteuers, das neue Perspektiven für das zukünftige Leben generiert. Dabei blickt der Held meist auch dem Tod ins Auge und entwickelt Mut.

Wir kennen spirituelle Übungen, bei denen Menschen sich monatelang, manchmal jahrelang zurückziehen in die Stille von Höhlen oder in Zellen einmauern. Auch europäische klösterliche Traditionen sind davon geprägt. Und auch Wissenschaftler oder Künstler, Literaten und Komponisten, Menschen, die einen kreativen Impuls ausformen wollen, suchen den Raum der Stille und des Rückzugs, der Konzentration und der Askese, um ungeteilt und konzentriert an dem «Werk» zu arbeiten. Religionen wie das Judentum, das Christentum, der Buddhismus, der Hinduismus und auch der Islam kennen die Polarität von Rückzug und Engagement, von Stille und Sprache. Sprache aber ist nicht nur der Ausdruck mit den Lippen, der Zunge und den Stimmlippen, sondern Sprache ist auch Körpersprache. Sprache ist Sprache der Gefühle, der Gedanken und des Körpers. Oft sagt es die Körpersprache klarer und wahrhaftiger, als es Worte behaupten oder verbergen. Die Art und Weise, *wie* jemand etwas sagt, ist oft emotional wirkmächtiger als das, *was* er sagt. Wenn eine Diskrepanz zwischen beiden besteht, wenn also beispielsweise jemand mit aggressiver Körpersprache vom Frieden redet, leidet die Glaubwürdigkeit, der Widerspruch kann unerträglich werden, und der Adressat reagiert verstört, mit innerer Zerrissenheit.

Voraussetzung für eine klare Körpersprache ist die Achtsamkeit einschließlich des Atems. Achtsamkeit ist der Grundton jeder Gefühlssprache, aber auch der Sprache der Gedanken, die sich in Worten formt. Hier müssen wir zum besseren Verständnis etwas ausholen: Alles, was der Mensch als «Welt» wahrnimmt, wird im Bewusstsein wahrgenommen. Jeder Gedanke, jedes Gefühl ist dort, und nur dort. Ein Baum, den ich mir draußen vorstelle und den ich vielleicht auch sehe, ist nirgends sonst als im Bewusstsein. Auch wenn ich behaupte, dass er ja dort draußen objektiv existiert, ist dieser Gedanke nirgends sonst als im Bewusstsein. Wir kennen keine Welt außerhalb unseres Bewusstseins, unserer Gedanken, Gefühle, Willensreaktionen, die wiederum von unserem Gedächtnis beeinflusst werden. Wir können zwar sagen, dort steht eine Flasche Wasser, und hier sitzen Menschen, und wir können mit guten Gründen vermuten, dass sie da draußen wirklich sitzen. Das alles aber sind Gedanken, die sich im Bewusstsein abspielen. Die Bilder, die ich jetzt sehe, entstehen in meinem Bewusstsein. Bei den Farben ist es ganz einfach: Die Farben existieren nicht unabhängig, sondern entstehen durch komplexe hirnphysiologische und dann eben bewusstseinsgeformte Prozesse der Interpretation von Schwingungen. Die Welt, die wir kennen, ist in unserem Kopf. Das, was in unserem Kopf ist, entwickelt sich im Laufe der Menschheitsgeschichte und im Verlaufe der individuellen Geschichte eines jeden Menschen. Die verschiedenen Bewusstseinszustände, die wir kennen – zum Beispiel Wachbewusstsein, Schlafbewusstsein, Traumbewusstsein und Zustände in meditativen Versenkungen –, sind Bewusstseinszustände, die diese Welt in Raum und Zeit sehr verschieden abbilden. Wer sagt aber, was gültig oder nicht gültig, wahr oder falsch ist? Wir werden darauf zurückkommen.

Wir messen die Dinge meistens mit und an unserem Tagesbewusstsein, aber auch das kann unterschiedlich funktionieren: konzentriert oder unkonzentriert, gefühlsmäßig positiv oder negativ, freudig erregt oder in Trauer und so weiter. Die jeweilige Art und Weise präsentiert nicht nur den Zustand von Emotionen, sondern beeinflusst auch Inhalte und Strukturmuster von Gedanken sowie die Art, wie Gedächtnisinhalte abgerufen werden. Denn auch das Gedächtnis ist nichts fest Gegebenes, sondern ständig im Umbau begriffen. Das Bewusstsein generiert sich in andauernden Fluktuationen. Die oben genannten Zustände sind nur abstrahierte Sammelbezeichnungen für eine Unzahl von verschiedenen Bewusstseinszuständen, die uns die Welt sehr unterschiedlich erfahren lassen.

Es kommt hinzu, dass Hormone und Genussmittel wie Koffein, Nikotin oder Alkohol oder andere Substanzen wie Halluzinogene die Art und Weise der Wahrnehmung und Wahrnehmungsverarbeitung erheblich verändern. Nochmals: Wahrnehmung wird geformt in unserem Kopf aufgrund chemischer und elektromagnetischer Prozesse, die Reize, die von außen kommen, verarbeiten. Dies fügt das Bewusstsein dann zu einer Welt zusammen, die wir für einigermaßen verlässlich halten. Sie ist aber nur so lange verlässlich, als nicht erstens neue Erfahrungen hinzukommen und zweitens die Impulse, die aus unserem Körper selbst kommen, konstant bleiben (unter Zahn- oder Kopfschmerzen ist beispielsweise die Zeiterfahrung verändert). Sobald diesbezüglich Veränderungen eintreten, verändern sich die Bewusstseinszustände. Ob wir diese dann als krankhaft, degeneriert oder erweitert bezeichnen, hängt wesentlich an Bewertungen, deren Maßstäbe das kulturelle Umfeld vorgibt. Was als krankhaft gilt, kann in verschiedenen Kulturen recht unterschiedlich sein.

Die Wahrnehmung ist also abhängig von den Zuständen des Bewusstseins. Durch Achtsamkeit können störende Sinneseindrücke ausgefiltert werden, es stellt sich eine Intensivierung von Präsenz und Gegenwart ein, die den Augenblick kraftvoller erscheinen lässt. Man kann sich dann ganz auf diesen jetzigen Moment einlassen, was immer in diesem Augenblick Gegenstand des Bewusstseins ist: ob es eine Blume ist oder ein Sonnenuntergang, das Antlitz eines Menschen in Freude oder Schmerz. Was sich gerade dem Bewusstsein präsentiert, wird intensiv präsent. Das «Ich» kann dabei vergessen, dass es als Subjekt ein Objekt wahrnimmt, es verschwindet gleichsam in der Begeisterung der Wahrnehmung, und dann ist nur noch diese Wahrnehmung als Wahrnehmung im Bewusstsein. Das Ich, das stets seine Identität durch Selbstbehauptung sucht, ist im Nun verschwunden, in dem Erlebnis des vollkommen konzentrierten Augenblicks.

Mystiker, allen voran Meister Eckhart (um 1260–1328), nannten dies das *hic et nunc*, das ganz und gar hier und jetzt sein. Dabei sind die verschiedenen Körperenergien, die geistigen Energien, die Atemenergien miteinander synchronisiert und der Mensch befindet sich in einem ausbalancierten gleichgewichtigen Zustand, in dem es keinen Unterschied von Innen und Außen gibt. Das ist ein Zustand der Ruhe bei vollkommener geistiger Wachheit. Ruhe oder Stille ist kein Blackout, sondern vollkommen klare Bewusstheit, vollkommene Präsenz, totale Konzentration in diesem Augenblick, ohne dass ein störendes Stressphänomen diesen Fluss der Energie des Präsentseins behindern würde. Der innere Widerstreit, der uns gespalten sein lässt, ist still geworden, das heißt, die sprichwörtlichen «zwei Seelen in der Brust» sind eins, das Wechselspiel von Hingezogensein und Abgestoßenwerden ist zur Ruhe gekommen. «Der Geist ist willig, aber das Fleisch ist schwach» gilt nicht mehr. Jesus sagt den Satz bekanntlich (so überliefert es Markus 14,37–38) zu seinen schlafenden Jüngern, die nicht wach bleiben konnten. In dem Geisteszustand, den wir meinen, besteht reine Wachheit, ein Erwachtsein.

Die Zerrissenheit des Menschen zeigt an, dass widersprüchliche Impulse und Bewertungen den Geist durchziehen. Dort, wo der Druck widersprüchlicher Impulse sehr groß wird, wo sozusagen überhaupt nicht mehr «abgeschaltet» werden kann aufgrund des Lärms von außen und innen, geraten wir unter den Stress dauernder Anspannung, der krank macht.

Der meiste Lärm im Alltag ist uns gar nicht bewusst, und er zerrt doch an uns. Das, was wir gerade durch die moderne Telekommunikationstechnik und seit einigen Jahren durch die Erfindung der Mobiltelefone und sozialen Netzwerke erleben, dass man ständig online und präsent sein soll beziehungsweise will, verdirbt nicht nur die Kommunikation mit den nächsten Menschen um uns, sondern zerreißt auch in uns das psychische Gleichgewicht. Es handelt sich um ein weltweites Phänomen, das bereits als Sucht und Krankheit beschrieben wird, weil psychosomatische Störungen die Folge sind. Achtsamkeitsmeditation ist eine Übungsform, das Bewusstsein so zu gestalten, dass es diese Stressoren überwinden kann.

2. Wenn die mentalen, emotionalen und physischen Energien in einem ausgeglichenen Atem- und Körperrhythmus gebündelt und synchronisiert sind, verschwindet interessanterweise das, was wir zuvor als eines der Grundmomente für den Unfrieden (intrapsychisch und sozial) im Leben und im Sterben identifiziert hatten, die Angst. Zumindest kann sie erheblich reduziert werden. Angst hat mit Enge zu tun, wie die Wurzelbedeutung dieses Wortes, vor allem aber die Erfahrung nahelegt. Angst bewirkt eine Verengung der Wahrnehmung, die einhergeht mit einer Enge in der Brust, einer psychosomatisch spürbaren Atemverengung und tatsächlich messbaren Verengungen des Kreislaufsystems.

Angst äußert sich in unterschiedlichen Ängsten – die Angst vor dem Älterwerden, vor Verlust, vor Schmerzen. Angst auch vor dem Sterben. Warum? Weil wir uns nicht mehr mit dem Strom des Lebens, der durch uns hindurchgeht, verbinden können, weil wir den Lebensenergien keine innere Intelligenz zutrauen. Das kann man als Mangel an Vertrauen (in Gott oder das Leben usw.) interpretieren, aber es ist fundamentaler als jede religiöse oder areligiöse Vorstellung. Es geht um ein Urvertrauen, das dann wieder wach werden kann, wenn wir uns bewusst mit den Lebensprozessen in uns identifizieren, die von allein ablaufen, ohne dass wir etwas dafür tun. Dieser Haltung vergewissern sich Menschen in allen Kulturen durch Rituale.

Rituale der Religionen oder Kunst oder solche, die wir im Alltagsleben entwickeln, machen sichtbar, dass wir verbunden sind mit dem Strom des Lebens. Rituale sind Inszenierungen der Überwindung von Einsamkeit. Wenn darin Erfahrung wächst, besteht Grund zur Hoffnung, dass Ängste überwunden werden. Sorge ist individuell, und sie ist Sorge um das Individuelle, um das Zufällige, aus dem ich geworden bin und das ich nun als meine Identität, als mein abgegrenztes und gefährdetes Ich betrachte. Wenn dies in der Erfahrung der Verbundenheit sich auflöst oder zumindest relativiert, also in Beziehung gestellt wird – wer bin ich dann?

Wer bin ich denn – jetzt, zu diesem Zeitpunkt? Wenn wir ein Fotoalbum durchblättern, das Bilder von vor 60 Jahren enthält, sagen wir: Das bin ich. Wie bitte? Dort ist ja ein Knabe oder ein Mädchen mit Lockenkopf abgebildet, das ganz anders aussieht als der jetzige Betrachter beziehungsweise die Betrachterin. Worin besteht denn die Identität oder Kontinuität zwischen Hans oder Grete zum damaligen Zeitpunkt und dem jetzigen? In der äußerlichen Form nicht, auch nicht in den Gedächtnis- oder Bewusstseinsinhalten und schon gar nicht in den Erfahrungen. Auch nicht in der Kleidung und den Umständen. Also nur in der Behauptung, dass ich das sei? Nein, es ist schon mehr, nämlich der Lebensstrom, der kontinuierlich einige Jahrzehnte lang durch dieses Wesen hindurchgeflossen ist und ständig Wandlungen auf der Grundlage des jeweils bisher Gewordenen erzeugt hat. Da ist nichts festzuhalten, die Kontinuität ist die Veränderung. Vergänglichkeit ist die Signatur des Lebens. Aber Vergänglichkeit bedeutet nicht Vergeblichkeit, sondern Verwandlung und damit Kreativität, damit etwas Schönes, damit etwas Neues entstehen kann.

Und das ist nicht vorhersagbar. Keiner weiß, was in fünf Jahren ist, ob wir überhaupt noch leben, und wenn ja, in welchem Zustand, mit welchen Vorstellungen und unter welchen Umständen. Und wir wissen erst recht nicht, was passiert, wenn wir physisch gestorben sind. Doch das Vertrauen in die Energie des Lebens, die durch alles hindurchgeht und jedes Leben trägt, genügt. Sie verbindet uns miteinander, mit den Tieren und den Pflanzen, mit der gesamten Ökosphäre. Sie trägt das Leben und verwandelt es und führt es weiter. Durch Ausschöpfen dieser Verbindung erfahren wir den Augenblick in tiefer Stille, ohne Einsamkeit und Angst. Das ist eine Stille, die nicht tot ist, sondern konzentriert und ausgeglichen, kraftvoll und lebendig – eine Stille voller Klang.

3. Wir haben über die Achtsamkeit und Angstüberwindung nachgedacht. Das dritte Element ist die Frage nach der Autonomie, die in den westlichen Kulturen im Gegensatz zu Ostasien einen großen Stellenwert hat. Als autonome Individuen möchten wir uns nicht von anderen vorschreiben lassen, wie wir zu leben und zu sterben haben. Wir möchten möglichst nicht abhängig sein von anderen, obwohl wir die ersten 20 Jahre unseres Lebens hochgradig abhängig sind und die letzten Jahre meistens auch. Die Phase der Unabhängigkeit währt nicht sehr lang, und auch dann sind wir nicht wirklich unabhängig, sondern verwoben in soziale Prozesse, ohne die wir gar nicht existieren könnten. Aber vielleicht geht es gar nicht so sehr um Autonomie, sondern um herrschaftsfreie Wechselseitigkeit in unseren Beziehungen. Wir möchten Balance und vor allem so leben, dass wir nicht unterdrückt werden, sondern kreativ etwas zum Ganzen beitragen können. Doch das ist etwas anderes als Autonomie. Wir werden später in diesem Buch auf die Frage nach Autonomie im Leben und im Sterben zurückkommen (Kapitel 7). Wenn Wechselseitigkeit unsere sozialen Beziehungen ausbalanciert, entsteht eine «soziale Stille», die heilsam sein kann, ein kreatives Innehalten, das dann aber auch wieder zu Neuaufbruch drängt.

Übungen

1. Nehmen Sie eine völlig ausbalancierte Haltung ein. Am besten geht das im Sitzen, auf einem Kissen mit untergeschlagenen Beinen oder auch auf einem Stuhl. Lehnen Sie sich nicht an, sondern sitzen Sie auf der Kante, das Becken so aufgerichtet, dass die Wirbelsäule im Gleichgewicht und ohne Muskelkraft auf dem Becken aufruht. Der Kopf balanciert auf dem Hals, ebenfalls in vollkommenem Gleichgewicht. Lösen Sie die Schulter, entspannen Sie den Unterkiefer.
2. Spüren Sie sich in diese Haltung ein. Wenn keine Verspannungen mehr spürbar sind, wird das Körpergefühl immer feiner und subtiler. Mit einiger Übung spüren Sie den Körper kaum noch oder gar nicht mehr.
3. Atmen Sie ganz sanft durch die Nase ein und aus. Ob der Atem flach ist oder tief – folgen Sie ihm einfach, lassen Sie ihn fließen, ohne ihn willentlich zu verändern.
4. Spüren Sie genau die Kühle der Luft innen an den Nasenflügeln.
5. Spüren Sie, wie sich in der Einatmung das Raumempfinden nach oben und zur Seite ausdehnt, in der Ausatmung wird es nach unten weiter. Geben Sie diesem erweiterten Raumempfinden nach, dehnen Sie sich gleichsam von innen her nach außen aus.
6. Die völlige Losgelöstheit im Körperempfinden und die gleichmäßige weite Atmung führen zu einer Veränderung des Zeitempfindens – die Zeit dehnt sich. Gehen Sie mit dieser Empfindung mit und überlassen Sie sich diesem Geschehen. Raum und Zeit werden gedehnt, es wird still.
7. Sie können nun noch die Empfindung bis zum blauen Himmel oder dem Sternenhimmel bei Nacht ausdehnen: Stellen

Sie sich vor, wie Ihr Körper- und Zeitempfinden mit der Grenzenlosigkeit des offenen Himmels in Raum und Zeit verschmilzt. Genießen Sie diese Weite und lassen Sie sich immer weiter hineingleiten.

Wenn diese Übung zu schwierig ist oder der Sterbende zu schwach, um konzentriert dabeizubleiben, kann folgende Übung empfohlen werden:

1. Sie liegen entspannt auf dem Rücken. Der Kopf kann flach oder etwas höher gebettet sein. Atmen Sie im natürlichen Rhythmus.
2. Entspannen Sie den Unterkiefer, indem Sie ihn leicht hin- und herbewegen. Konzentrieren Sie sich auf das Kiefergelenk und spüren Sie, wie durch die entspannende Öffnung Weite zwischen Ober- und Unterkiefer entsteht.
3. Spüren Sie sich lange in diese Weite ein.

2. Dankbarkeit

Nicht die Glücklichen sind dankbar.
Es sind die Dankbaren, die glücklich sind.
Francis Bacon (zugeschrieben)

Dankbarkeit zu empfinden fällt nicht schwer, wenn ein Projekt gelungen ist und Freude das Gemüt erfasst, schwerer ist es in bedrückenden Lebenssituationen, wenn die Zeichen auf Sturm stehen. Dankbarkeit, die nicht abhängig ist von Wunscherfüllungen aller Art, ist die tiefste Frucht spiritueller Praxis und letztlich wohl ein Geschenk, auf dessen Empfang man sich vorbereiten und einstellen kann. Vielleicht ist sie eine der wichtigsten Gaben spirituellen Übens und gleichzeitig auch Voraussetzung dafür, dass wir in die Tiefe unseres Geistes schauen und so erkunden können, wer und wozu wir sind.

Es gibt eine spontane Dankbarkeit aus dem Moment heraus, sie kommt und geht. Sie ist zunächst auch erstrebenswert für die geistige und soziale Balance, denn sie lässt uns den Augenblick mit einem Gefühl der Zufriedenheit auskosten, wenn uns etwas gelungen oder ein Wunsch in Erfüllung gegangen ist. Wir sind dafür dankbar, und in diesem Sinne versuchen wir, unseren Kindern das Zauberwort «Danke» beizubringen, bei allen passenden und gelegentlich auch unpassenden Gelegenheiten. Es handelt sich dabei auch um eine zivilisierende Dankbarkeit.

Im Spirituellen geht es jedoch um mehr, nämlich um eine Grundhaltung der Dankbarkeit, die mit dem zu tun hat, womit die alten Griechen den Anfang der Philosophie begründet haben: dem *Staunen*. Dabei geht es um die Einsicht in die tiefen Zusammenhänge des Lebens, des eigenen wie des «Lebens» des gesamten Universums. Das Staunen ist bei Kleinkindern und noch bis ins Vorschulalter hinein eine spontane Haltung. Kleinkinder staunen über ein Licht, das sie zum ersten Mal sehen, über eine Blüte, die sich öffnet, über eine Biene, die im Blütenkelch verschwindet, über einen Schmetterling, dem sie hinterherlaufen und den sie fassen wollen, aber auch über ein Fahrzeug, das vorbeisaust, oder einen Ballon, der über den Häusern schwebt. Alles, was wir zum ersten Mal erleben, löst Staunen aus. Heranwachsende und Erwachsene indessen haben sich eingerichtet, sie werden von den Anforderungen des Alltags getrieben und vieles läuft ab nach Routine. Das ist auch notwendig, um das Leben zu meistern. Doch Grundfragen werden dabei verdrängt oder abgetan: Wie kommt es eigentlich zu einem ausbalancierten Verhältnis in der Natur, zum Ausgleich von Populationen, zur Balance des Wetters, so dass Regen und Sonnenschein, Nässe und Trockenheit – unter idealen Bedingungen – einander abwechseln? Gewiss, wir kennen den Kreislauf des Wassers und glauben, dieses Wissen erkläre die Dinge. Aber dann können wir weiter fragen: Wie kommt es zum Kreislauf des Wassers? Wir erkennen die Mechanismen, nach denen die Vorgänge ineinandergreifen, aber die Voraussetzungen des Ganzen haben wir nicht erfasst. Wir bemühen die Evolution als eine sich selbst und alles andere generierende «Gottheit». Wir können verschiedene Naturgesetze identifizieren, etwa die Gesetze der Schwerkraft oder der Thermodynamik, die dann auch erklären, wie eine bestimmte Funktion zustande kommt und wirkt, aber die Voraussetzungen für diese Gesetzmäßigkeit bleiben im Dunkeln. Und das ist Staunen: Fragen zu stellen, die wir uns abgewöhnt haben zu fragen, weil sie so trivial zu sein scheinen – Fragen nach dem Hintergründigen, dem Ursprung der Erscheinungen, die nicht monokausal auf eine einzige Ursache zurückzuführen sind. Wie verhält es sich mit Synchronisierungen von Abläufen, die oberflächlich zunächst gar nichts miteinander zu tun zu haben scheinen? Wie kommt es, dass eine Stimme angenehm klingt und eine andere nicht? Auch die Frage nach dem Geschmack gehört hierher und die – ja, es gibt dieses alte deutsche Wort – nach der Anmutung des Lebens. Warum schmeckt uns ein ausgewogener Rotwein, reich an Bouquet, so gut? Oder ein feiner, zart duftender Tee? Warum ist der Gesang der Vögel wunderbar, wenn wir uns Zeit lassen und aufmerksam sind? Wie kommt es, dass uns die Konsonanz eines Akkordes in der Musik auf der Gitarre oder im Orchester beglückt, eine Dissonanz hingegen nicht? Mit solchen Fragen lernen wir neu zu staunen.

Von Johann Sebastian Bach (1685–1750) wird die Geschichte erzählt, dass er sich zu Bett begeben habe, während sein Neffe oder ein anderer Verwandter im Nebenzimmer noch auf dem Cembalo übte. Als dieser sein Spiel plötzlich auf einer Dissonanz abbrach, habe Bach den Zustand nicht ertragen können, sei vom Bett ins Nebenzimmer geeilt und habe die Sequenz zu Ende gespielt, bis die Dissonanz aufgelöst war. Erst dann konnte er schlafen. Ob die Geschichte wahr ist oder nicht, ist unerheblich. Denn sie verdeutlicht: Mit Dissonanzen können wir auf Dauer nicht leben ohne gravierende Folgen für unser psychosomatisches Gleichgewicht. Und bei Dissonanzen geht es nicht allein um Akustik und Klangverhältnisse, sondern um Lebensmuster und personale Beziehungen. Wenn wir abends mit Dissonanz zum Beispiel im familiären Umfeld oder mit uns selbst zu Bett gehen, wirkt sich das auf unseren Schlaf aus. Darum ist es sinnvoll, solche Dissonanzen vor dem Schlafengehen aufzulösen. Das betrifft nicht nur den Abend nach jedem Tag, sondern auch den Abend des Lebens. Wenn Dissonanzen jahre- oder gar jahrzehntelang nicht aufgelöst werden können, tun sie nicht nur weh, sondern wirken zerstörerisch. So ist es eine wichtige Aufgabe, Wege zu suchen und zu finden, um die Dissonanzen unseres Lebens aufzulösen, damit wir in Frieden sterben können.

Staunenkönnen hängt eng damit zusammen, dass wir uns überraschen lassen. Überraschen von dem, was auf uns zukommt, was aus dem Alltäglichen und Erwartbaren herausragt. Zum Beispiel das Erlebnis eines starken Regenschauers nach langer sengender Hitze und drückend stickiger Luft. Diese Überraschung, den Klang des sanft rauschenden Regens nach dem ersten heftigen Pladdern zu hören, das beruhigende Gefühl von dauerndem Gleichmaß, die würzige Luft einzuatmen. Überraschung verstärkt die Aufmerksamkeit bei der Befriedigung durch Spannungslösung, und dies wiederum erhöht die Befriedung zum ausgewogenen Geschehenlassen. Wir können dann ein kleines Ereignis (einen Sonnenstrahl, einen Klang, die Berührung durch eine vorbeischnurrende Katze, ein Kinderlachen) als Überraschung und Freude empfinden, wenn wir aufmerksam-gelöst sind. Überraschung hängt wesentlich mit unserer Aufmerksamkeit zusammen. Routine und Langeweile werden durchbrochen, wenn wir mit erhöhter Aufmerksamkeit die Dinge um uns wahrnehmen. Es hängt weniger daran, was geschieht, sondern wie es für uns geschieht. Jeder Augenblick ist neu, wenn wir ihn intensiv wahrnehmen.

Wenn wir diese Wachheit in uns kultivieren, erleben wir jeden Augenblick als einen besonderen Moment des Lebens. Und wenn wir etwas Außergewöhnliches empfinden, entwickelt sich Freude. Und wo Freude ist, ist Dankbarkeit. Wo Dankbarkeit ist, entsteht ein gelassenes Annehmen des Lebens und auch ein gelassenes Weitergehen zum nächsten Schritt in unserer Lebensentwicklung.

Wo Freude ist, müssen wir nichts festhalten. Nehmen wir an, eine Katze streicht uns schnurrend um die Beine. Wir genießen das Anschmiegen, wie sie ihren Schwanz bewegt und den Kopf zur Seite biegt, wie sie schnuppert und schmust – das ist Lebendigkeit. Wenn sie genug hat, zieht sie ihres Weges. Sie hängt nicht fest, sondern ist auf ständiger Entdeckungsreise.

Ein solches Ereignis des Lebendigseins detailgenau zu registrieren, lässt uns Dankbarkeit empfinden: Es ist die Überraschung und das Staunen, beides. Das eine bewirkt das andere und umgekehrt. Und sowohl Überraschung als auch Staunen sind davon abhängig, dass wir achtsam sind – auch wenn zunächst einmal äußerlich (fast) nichts passiert. Wie lässt sich das einüben? Indem wir auf den Atem und jede noch so kleine Bewegung in unserem Körper achten. Selbst wenn wir durch Krankheit und Schwäche ans Bett gefesselt sind, kann gerade in dieser Zeit in uns eine hohe Sensibilität entstehen, auf die Bewegung unseres Atems, auf die ganz feine Bewegung unserer Hände, auf das Entlangziehen der Wolken draußen hinter dem Fenster und Ähnliches zu achten und dies mit Staunen und Dankbarkeit zu registrieren. Auch im Krankenbett können wir ganz neue Entdeckungen machen und unser inneres und äußeres Klagen durchbrechen. Die Klage hat ihren Platz und ihre Zeit, wie wir in der Meditation über das Scheitern noch zeigen werden, aber sie kann durch Offenheit für neue Erfahrungen leiser werden.

Dankbarkeit ist also wesentlich mit Aufmerksamkeit verbunden, aber sie ist auch abhängig von unserer Erinnerung. Erinnerung wird geformt durch die emotionale Intensität, mit der wir etwas erlebt haben, sowie durch die Wiederholung des Erlebnisses. Dies muss nicht physisch sein, sondern kann auch mental, eben im Erinnern, vollzogen werden. So kann auch das, was uns gerade widerfahren ist, emotional verstärkt werden durch das bewusste Wachrufen von Details: Die Katze, die uns eben um die Beine gestrichen ist, liegt nun entfernt in der Ecke. Wenn wir aber die Erinnerung wachrufen, jedes Detail der Bewegung noch einmal erleben, vertieft sich der Eindruck und bleibt lebendig, so dass die Dankbarkeit wächst. Dies ist das Prinzip von Visualisierungen, wie sie Praxis vieler Religionen sind, sei es in der tibetischen Meditationspraxis oder beim (inneren) Betrachten der Kreuzwegstationen Jesu. Wir können die Visualisierung üben, auch mit ganz alltäglichen Dingen.

Für ein Sterben in Frieden, wenn wir eine Lebensrückschau halten und etwa zu «runden Geburtstagen» oder am Silvesterabend Bilanz ziehen, ist es wichtig, die Erinnerungen zunächst zeitlich zu sortieren, damit sie überschaubar und kontrolliert konkret werden. Dankbarkeit ist immer auch Rückschau – eine Rückschau auf den eben vergangenen Moment oder auf die Stunden, die seit dem Erwachen am Morgen vergangen sind, eine Rückschau auf das letzte Jahr und eine Rückschau auch auf unser ganzes Leben. Oft haben sich gerade traumatische Erlebnisse, Situationen des Versagens, der Einsamkeit oder der Verzweiflung besonders hartnäckig festgesetzt. Das ist eine psychologisch bekannte Tatsache, für die es benennbare Gründe gibt, die uns aber hier nicht beschäftigen müssen. Wichtig ist, nun auch ganz bewusst die anderen Erlebnisse wachzurufen, die uns mit Freude erfüllt haben. Ihrer gewahr zu werden, ihnen Raum und Zeit zu geben, schafft Ausgleich und damit Frieden. Das betrifft in besonderer Weise die Dankbarkeit gegenüber Mitmenschen, getrennten oder verstorbenen Partnern und Freunden, vor allem aber auch solchen Menschen, denen gegenüber wir vielleicht Dissonanz empfinden. Auch hier ist es hilfreich, die Gesamtheit von gemeinsamem Leben und Erleben in Erinnerung zu rufen. Auch der Schmerz gehört dazu und ist eine Schule der Reifung, nicht nur die Emotion der Freude. Dankbarkeit kennt beide Seiten, und dies – jedenfalls in der Erinnerung – in Balance zu halten, ist Ausdruck und Eindruck geistigen Friedens.

Erinnern bedeutet, wie dieses Wort schon sagt, etwas nach innen zu ziehen, etwas in unsere innere Bereitschaft, in unser Bewusstsein zu holen. Was wir erinnern, ist immer schon eine vorbewusste Auswahl. Besonders intensive Erlebnisse sind eher präsent als andere, also unterliegen sie ganz unterschiedlichen Bewertungen. Manches, was uns in den Sinn kommt, *erleben* wir als erfreulich, lustvoll, angenehm, dankbar, anderes wiederum als schwere Last, vielleicht sogar als etwas, das uns das Leben vergällt hat. Wir sagen nicht, dass wir das so erlebt *haben*, sondern in der Erinnerung *jetzt* so *erleben*. Diese Unterscheidung ist wichtig. Die Erinnerung wird ständig umgebaut und weicht von dem ursprünglichen Erlebnis ab. Wir erinnern uns an Erlebtes so, wie uns das Bewusstsein Ereignisse aus der Vergangenheit *jetzt* präsentiert, und das hängt von ganz verschiedenen Umständen ab, die *jetzt* sind – die Umwelt, das Allgemeinbefinden, angeborene wie erworbene psychische Dispositionen, nach denen wir alles bewerten, was uns betrifft.

Vieles davon können wir im *Erinnern* gestalten. *Wie* wir die Dinge verarbeiten, können wir bis zu einem gewissen Grad mitbestimmen, und diese Mitbestimmung setzt Akzentuierungen für das, was wir erinnern und wie wir erinnern. Dankbarkeit ergibt sich aus diesem *wie*.

Krankheiten, die uns schwächen, lassen Unruhe in unserem Geist entstehen: Taten, die wir zutiefst bereuen, Begegnungen, die wir versäumt haben, weil wir uns nicht darauf einlassen konnten, oder Begegnungen, die sich negativ gestaltet haben und traurige Erinnerungen oder gar Hass hervorrufen, haben uns geprägt, und es kommt darauf an, auch diese Seite anzunehmen und zu integrieren. Auch das, was wir als negative Erinnerung gespeichert haben, ist Teil unseres Lebens und kann uns reifen lassen. In diesem Sinne meditiert man im Tibetischen Buddhismus die «Acht Strophen über das Geistestraining» des tibetischen Meisters Geshe Langrithang-pa (1054–1123). Diese Gedanken unentwegt in Erinnerung zu rufen, kann Dankbarkeit und inneren Frieden erwecken:

1. Fest entschlossen, das höchste Wohl
für alle lebenden Wesen zu erlangen,
die großartiger sind als selbst ein wunscherfüllender Edelstein,
möchte ich lernen, sie zutiefst zu lieben.

2. In der Gemeinschaft mit anderen werde ich lernen,
von mir als dem niedrigsten von allen zu denken
und die anderen achtungsvoll hochzuschätzen
aus der Tiefe meines Herzens.

3. Bei allem Tun will ich lernen, meinen Geist zu erforschen.
Und sobald sich Leidenschaften erheben,

die mich und andere gefährden,
werde ich ihnen fest entgegentreten und sie abwenden.

4. Ich will lernen, mich um Wesen mit schlechter Natur
zu kümmern
und um jene, die von schlimmen Sünden und Leiden
bedrückt werden,
als ob ich einen kostbaren Schatz gefunden hätte,
den man nur sehr selten finden kann.

5. Behandeln mich andere aus Eifersucht schlecht,
mit Beschimpfung, Verleumdung und noch mehr,
will ich lernen, den Verlust zu ertragen
und ihnen den Sieg anzubieten.

6. Wenn jemand, dem ich mit großer Hoffnung Wohltaten
erwiesen habe,
mich grundlos sehr verletzt,
so will ich lernen,
diesen Menschen als vortrefflichen geistigen Führer
zu betrachten.

7. Kurz, ich will lernen,
jedem ohne Ausnahme alle Hilfe und alles Glück direkt und
indirekt darzubringen und achtungsvoll
Schmerz und Leiden meiner Mütter auf mich zu nehmen.

8. Ich will lernen, all diese Übungen rein zu halten
von den Befleckungen der acht weltlichen Auffassungsweisen,
und, indem ich alle Erscheinungen als Illusionen durchschaue,
von der Fessel des Anhaftens erlöst zu werden.

Vielleicht haben wir es erlebt, dass gerade durch eigenen Schmerz oder in Begegnung mit dem Schmerz anderer unsere Bereitschaft zum Mitgefühl zugenommen hat oder dass unsere Aufmerksamkeit auf leidvolle Zustände unsere Sensibilität und damit unsere menschliche Kraft geweckt hat. Auch dafür können wir dankbar sein.

Dankbarkeit bedeutet die beiden Seiten zu integrieren, wie es Rainer Maria Rilke in seinem berühmten Gedicht aus dem «Stunden-Buch» ausgedrückt hat:

Wer seines Lebens viele Widersinne
versöhnt und dankbar in ein Sinnbild faßt,
der drängt
die Lärmenden aus dem Palast,
wird *anders* festlich, und du bist der Gast,
den er an sanften Abenden empfängt.

Du bist der Zweite seiner Einsamkeit,
die ruhige Mitte seinen Monologen;
und jeder Kreis, um dich gezogen,
spannt ihm den Zirkel aus der Zeit.

Die Lärmenden, das sind die inneren Plagegeister, die den Frieden stören, weil sie, abgespalten und nicht integriert, an unserem seelischen Gleichgewicht zerren. Es sind Stimmen von innen und von außen. Der «Gast» aber – wer ist das? Gott oder eine innere Friedenskraft, ein imaginiertes Gegenüber, dem ich mich anvertraue, woraus mir Mut und Gemeinschaft zuwächst, ohne dass ich «weiß», ob und wie dieses Gegenüber da ist? Rilke lässt es offen. Integration jedenfalls bedeutet, eine innere Kraft zu erfahren, die das Leben in einen versöhnten

Sinnzusammenhang fasst. Aber das geschieht nicht von allein, es ist – wir können das Wort ruhig verwenden und wörtlich nehmen – Arbeit. So wie wir *Trauerarbeit* leisten müssen, können wir auch *Dankbarkeitsarbeit* leisten, eine spirituelle Aufgabe, die beglückt und Freude bereiten kann. Selbstverständlich gibt es auch hier, wie bei jeder Entwicklung von Potentialen, ein Auf und Ab. Phasen der ausgeglichenen Dankbarkeit und der vom Zweifel zernagten Zerrissenheit können über lange Zeit hinweg einander abwechseln. Die Praxis braucht Mut und Geduld.

Dankbarkeit ist also wesentlich eine Sache der Erinnerungen und des bewussten Strebens, auch die Widersinne, das Hässliche, das Auseinanderstrebende, das Gebrochene, die Dissonanzen, die wir erfahren haben und die noch in uns wirken, in ein Sinnbild zu fassen, und das heißt, in ein Ganzes zu integrieren.

Integration setzt voraus, was in klassischer religiöser Terminologie die Ausbildung von Mitgefühl und Empathie, die Kraft zur Versöhnung, zur Liebe, genannt wird. Es sind dies verschiedene Aspekte ein und derselben Sache, sie sind aber auch zu unterscheiden. Sie verlangen eine bewusste Korrektur des Verhältnisses zu sich selbst, zu den eigenen Erinnerungen, Gedanken, Emotionen und eine Korrektur im Bezug zu anderen Menschen. Beides kann vom Willen beeinflusst werden, setzt aber vor allem eine Veränderung der Wahrnehmung voraus hin zu einer integrativen Wahrnehmung, bei der die fundamentale Rolle der Beziehung auf ein Du für die eigene Identität ersichtlich ist. Wie alles im Leben entwickeln sich diese Dimensionen durch Anwendung und Praxis, so wie wir auch unsere Muskeln trainieren, indem wir sie fortwährend gebrauchen. So wie durch Sport oder Yoga sich physische Kräfte entwickeln, wachsen auch die geistigen Energien, wenn sie gebraucht, das heißt angewendet werden: Mitgefühl, Mitmenschlichkeit, Freude und Dankbarkeit entfalten sich, wenn wir Widerstände bewusst loslassen, diese positiven Kräfte zulassen und sie praktizieren. Nicht selten sind das tatsächlich drei voneinander unterscheidbare Schritte: *loslassen – zulassen – praktizieren*.

Zunächst ist Dankbarkeit die Rückschau auf kürzere Lebensabschnitte, im vorgerückten Alter dann fast auf das gesamte Leben. Es ist bekannt, dass alte Menschen viel in ihren Erinnerungen leben, Fotos betrachten und aus der Vergangenheit erzählen. Je älter wir werden, umso größer wird der Zeitraum, den wir erinnern können, und die Erinnerung macht aus dem Leben eine «Erzählung». Das kann beglückend sein, wenn es gelingt, in der Erzählung einen «roten Faden» zu entdecken, es kann aber auch schmerzhaft sein, wenn das Leben in widersprüchliche Episoden zerfällt. Der Mensch «konstruiert» gern Zusammenhänge, aber ist nicht doch alles Zufall ohne Sinn? Eine objektive Antwort gibt es nicht, ich sehe Sinn oder sehe ihn eben nicht. Sinn ist nicht gegeben, sondern das Bewusstsein muss ihn ent-decken, also etwas zunächst Verborgenes ans Licht bringen durch die Freilegung von Potentialen, die im Geist eines jeden Menschen selbst liegen. Wirklichkeit wird durch Interpretation, sie ist nicht nur gegeben.

Selbstverständlich erinnern wir «Fakten», aber was diese Fakten bedeuten, wie wir sie in die Erzählung des Lebens einordnen, ist eine Sache aktiver mentaler Arbeit. Was ist dieses «Ent-decken», ist es nicht ein Hineinprojizieren von Sinn in eine sinnlose Welt, also gerade nicht Entdecken, sondern Konstruieren? Die Alternative ist falsch. Indem wir Sinn in den Ereignissen sehen und denselben aussprechen, in Bilder fassen und als geistige Kraft wirken lassen, hat sich die Welt schon verändert; denn unser Bewusstsein ist Teil der Welt, die es beschreibt. Die mentale Zeichnung unserer Sinnbilder ist ein wichtiger Aspekt der Evolution der Welt. Der Vorgang des Ent-deckens ist kreativ. Je früher im Leben wir lernen, Zusammenhänge zu entdecken, umso fruchtbarer können wir dieses Wissen im Alter anwenden. Was sich aus der Vergangenheit in unseren Erinnerungen zu einer Erfahrung des Ganzen formt, kann die Widersprüche in unserem Leben in ein milderes Licht der Gesamterzählung tauchen. Diese dankbar-milde Erfahrung lässt sich in poetischer Sprachverdichtung erleben als das warme Abendlicht, das die harten Konturen des Tageslichtes ablöst, wenn wir entspannt die Abendstimmung eines zu Ende gehenden Tages genießen. Es ist dies eine treffende Metapher für unser ganzes Leben am Abend des Lebens: die Widersprüche in ein golden farbiges mildes Licht tauchen, ein Licht der geistigen Kraft versöhnter Dissonanz.

Hüten wir uns aber vor einseitiger Beschönigung, denn negative Erfahrungen können so stark verankert sein, dass eine Sicht der Dinge, wie sie eben gezeigt wurde, nicht möglich ist und abgelehnt wird. Doch auch dann ist man nicht hilf- und machtlos dem Sog der schmerzhaften Erinnerungen ausgeliefert. Es kann helfen, die Aufmerksamkeit darauf zu lenken, dass man nicht nur Opfer von Verletzungen ist, sondern dass man auch selbst andere im Laufe des Lebens verletzt hat. Hier erweist sich die klassische religiöse Praxis der Beichte als hilfreich; sie ist ja viel mehr als fromme (und altmodisch anmutende) Bußpraxis und verkörpert eine tiefe psychologische Weisheit: Wenn ich mir der Verletzungen bewusst werde, die ich anderen zugefügt habe, kann ich den eigenen Schmerz kontextualisieren, es werden Wechselbeziehungen sichtbar, und das ist die Voraussetzung für das Erleben von wechselseitiger Vergebung. Wir können die Schmerzerfahrungen nur dann integrieren, wenn wir auch die Verletzungen sehen, die wir anderen zugefügt haben, ob gewollt oder nicht. Manche sind vielleicht aus Unachtsamkeit oder ungewollt geschehen, und auch diese gilt es zu erinnern und in das versöhnende Licht der erinnernden Dankbarkeit zu tauchen. Solche Praxis hat das Potential zu einer psychischen Befreiung, die dazu beiträgt, dass wir in Frieden sterben können. Genau an dieser Stelle ist ein verantwortlicher, das heißt ver-antwortender Umgang mit den Erinnerungen möglich und hilfreich. Wir können aktiv das gestalten, was uns die Vergangenheit an «Fakten» vorgibt. Wir sind nicht einfach ausgeliefert, und indem wir uns aktiv auseinandersetzen, gewinnen wir Spielraum für kreative Lebensgestaltung, gerade auch am Ende des Lebens. Wenn geistige Kraft einmal geweckt wird, gibt es keine zeitliche Begrenzung, man kann diese mentale Kraft bis ins hohe Alter einsetzen, bis in die fortgeschrittenen Stadien des Sterbens hinein. Das überzeugende Beispiel dafür sind die Erfahrungen mit dem Sterbeprozess im tibetischen Buddhismus. Voraussetzung hierfür ist allerdings die geistige Klarheit; die Trübung des Bewusstseins durch Demenz lässt sich mittels der hier beschriebenen Praxis nicht umkehren.

Die Erfahrung in der Begegnung mit Sterbenden lehrt, dass die Qualität unseres Blickes in die erinnerte Vergangenheit auch die Art und Weise des Blickes in die Zukunft prägt: Wer dankbar und versöhnt auf das Vergangene zurückblickt, kann auch dankbar und versöhnt dem Tod entgegenwarten. In beiden Fällen ist es ein offener Geist, der noch staunend dem Kommenden und dann auch dem Tod mit gelassener Erwartung begegnet, der offen ist für das, was dann kommt und ob etwas kommt.

Wenn der Sterbende jedoch von Krankheit und Schwäche ausgezehrt wird und vielleicht auch sediert ist durch notwendige schmerzmindernde Medikamente, hat bewusstes Erinnern und inneres «Erzählen» eine Grenze erreicht. Wenn überhaupt, lassen sich stabile mentale Zustände dann nur noch über kurze Zeitspannen hinweg aufrechterhalten. Oftmals ist es jedoch noch über einen längeren Zeitraum hinweg möglich, sich auf Körperempfindungen zu konzentrieren. Wenn auch diese so verdämmern, dass sie kaum noch Kontur haben, spüren Sterbende, dass jetzt der Tod nahe ist. Ist der Geist noch wach genug, diese Phase bewusst zu akzeptieren, kann sich der Sterbende dem Prozess des Sterbens spannungsfrei überlassen, und das ist vermutlich eine Erfahrung von Los-lösung und Er-lösung tiefster Qualität: Mein Leben geht in eine andere Form über, die ich noch nicht kenne. Hier haben wir wenig Evidenz aus Beobachtung, abgesehen von Nahtoderfahrungen, von denen wir nicht wissen, wie weit sie qualitativ und quantitativ vom (nicht eingetretenen) Todeszeitpunkt entfernt sind. Auch die ausgefeilten Beschreibungen vom Sterbeprozess in der tibetischen Kultur sind eine Quelle des Wissens. Aber auch hier sind absolute zeitliche Zuordnungen von Bewusstseinsphänomenen kaum möglich, wenngleich relative Zeitabläufe eine bestimmte Regelmäßigkeit im Sterbeprozess nahelegen. Dazu mehr im Kapitel 9 über den Sterbeprozess in der tibetischen Kultur.

Fassen wir zusammen:
Wenn ich gelernt habe, die Wechselfälle des Lebens, die ich in der Vergangenheit erlebt habe und nun in Erinnerung rufe, im jetzigen Augenblick in eine gebündelte Aufmerksamkeit zu lenken und so in ein Sinnbild zu fassen, dann kann ich mit ver-

trauender Dankbarkeit auch in die Zukunft schauen. Dankbarkeit ist die Voraussetzung für Vertrauen in das Unbekannte.

Woher wissen wir das? Aus Beobachtung und aus Gesprächen mit Sterbenden, die eine ganz eigene Intensität erreichen können. Allerdings haben wir auch Kenntnisse aus Selbstbeobachtungen in der Meditation. Denn auch hier tauchen wir ein in tiefere Bewusstseinszustände, die uns bisher noch nicht bekannt waren. Meditation ist wie ein Abenteuer, das gelegentlich auch Angst machen kann: Einerseits sind wir neugierig auf das, was jetzt passiert und im nächsten Moment kommen kann, andererseits aber ängstigt das Unbekannte, es kann auch unangenehm sein, Widerstände und Aggressionen wecken, die keinesfalls reine Freude sind. Das, was auf dem Meditationskissen durch systematische Übung geschieht, kann sich im Leben auch spontan ereignen – besonders in instabilen Situationen des Übergangs und der Verunsicherung. Und nach aller Beobachtung (weltweit) ereignet es sich ganz besonders in den Phasen des Sterbens, in denen Bewusstseinszustände offensichtlich «durchlässiger» werden, wie immer das auch erklärt werden mag.

Übergangssituationen bedeuten Verlust und Gewinn zugleich: Man verliert vertraute Verhältnisse und gewinnt die Offenheit für etwas Neues und, wenn man sich darauf einlassen kann, eine bereichernde Erfahrung des Lebens. Auch auf dem Krankenbett und in der letzten Phase des Lebens auf dem Sterbebett kann auf der Grundlage von Dankbarkeit die Lebenserfahrung des ruhigen, milden, versöhnenden Lichtes eine neue, tiefere Qualität gewinnen, weil jetzt erst eine gewisse abschließende Bilanz möglich wird. Ist schon im Laufe langer bewusster Lebensgestaltung und nun noch einmal ganz anders in dieser Extremsituation Vertrauen gewachsen und/oder wird neu möglich, fällt es Sterbenden leichter, mit Schmerzen umzugehen. Durch mentale Stärke können Schmerz beziehungsweise innere Unruhe erträglicher werden. Schmerz ist Indikator von Spannung, die noch nicht aufgelöst ist. Innerhalb dieses Erklärungsrahmens können wir das gut belegte Phänomen interpretieren, dass es messbare Rückwirkungen des Mentalen auf das Biologische gibt, dass also der mentale Ausgleich dem Schmerz gegenüber das Schmerzempfinden erheblich reduzieren kann.

Dankbarkeit ist mehr als eine momentane Gefühlsreaktion auf von außen widerfahrende Ereignisse. Sie ist vielmehr eine Grundhaltung zum Leben, die wir erlernen können. Und dies ist der entscheidende Punkt. Es geht nicht darum, dass der eine optimistischer veranlagt ist und dadurch vielleicht ein wenig glücklicher durchs Leben geht, während der andere aufgrund pessimistischer Veranlagung weniger zur Dankbarkeit neigt, sondern es geht um mentale Prägungen, die mit Geduld kultiviert werden können. Doch ist es wie mit allem Lernen: Den einen fällt es leichter, den anderen schwerer. Entscheidend ist, dass wir selbstbestimmt Schritte gehen, diese Schritte aktiv wahrnehmen und uns damit bewusst selbst gestalten. Ob in der Kindheit oder in den Reifejahren bis hin zum Ende des Lebens, es ist immer ein kleiner oder auch größerer Raum von Freiheit für diese Gestaltung gegeben. Um diese Selbstaktivierung geht es.

Dankbarkeit ist nicht nur Gefühl, sondern auch Erkenntnis. Bei allen Dingen, die uns tief berühren, verändern und eine Prägung hinterlassen, kommen Erkenntnis und Gefühl zusammen. *Erkenntnis* ist das Wahrnehmen und Interpretieren eines Zusammenhanges für genau *dieses* Ding oder *diese* Erscheinung. Da alle möglichen Zusammenhänge, Verbindungen, Verknüpfungen und Gründe für etwas, was so ist, wie es ist, nie erschöpfend ausgelotet und bekannt werden können, kommt Erkenntnis nie zum Ende. *Gefühl* ist die Bewertung eines Dinges, einer Erscheinung oder eines Zusammenhanges *in Bezug auf uns selbst*; in grober Einteilung ist etwas angenehm, unangenehm oder neutral, wobei es unzählige Mischungen und Zwischenstufen gibt.

Inwiefern Dankbarkeit eine Erkenntnis ist, werden wir deutlicher sehen können mittels einer Geschichte, die der daoistische Meister Zhuangzi (365–290 v. Chr.) überliefert hat:[5]

Zu eigen haben

Der Kaiser Schun fragte Tscheng: «Kann ich Tao so gewinnen, daß ich es zu eigen habe?»

Tscheng antwortete: «Dein Leib ist nicht dein eigen. Wie könntest du Tao zu eigen gewinnen?»

«Wenn mein Leib», sagte Schun, «nicht mein eigen ist, wessen ist er?»

«Dein Leib», antwortete Tscheng, «ist die abgesandte Form von Himmel und Erde. Dein Leben ist nicht dein eigen. Es ist der abgesandte Einklang von Himmel und Erde. Deine Sonderheit ist nicht dein eigen. Sie ist die abgesandte Bildsamkeit von Himmel und Erde. Deine Nachkommenschaft ist nicht dein eigen. Sie ist die abgesandte Erneuerung von Himmel und Erde.

Du gehst, und weißt nicht, was dich treibt. Du ruhst, und weißt nicht, was dich trägt. Du ißt, und weißt nicht, was dich schmecken macht. Das ist die starke, wirkende Kraft von Himmel und Erde. Wie könntest du Tao zu eigen gewinnen?»

Diese außergewöhnliche Geschichte verbindet eine selbstverständliche Einsicht mit tiefer Erkenntnis über das menschliche

Wesen und wie die Dinge im Ganzen miteinander zusammenhängen. Das Ganze, so können wir sagen, ist eine Spiegelung eines dankbaren Geistes, und das ist sowohl die Voraussetzung für die Dankbarkeit als auch die Folge derselben.

Kann ich Dao (Tao) gewinnen, so dass ich es zu eigen habe? Dao (Weg) ist der chinesische Ausdruck für Bewegung, die ein Ziel hat. Das chinesische Zeichen enthält Beine und Kopf, also die Bewegung und das Zielgerichtete, das Kraftvolle und das Intelligente. Dao ist der Urgrund der Welt, die Energie, die alles in Form gestaltet, was wir als Universum wahrnehmen. Allerdings können Menschen davon nur einen winzigen Teil erkennen. Wie kann «ich» also dieses allumfassende Dao so gewinnen, dass es zu eigen wird?

Buddhistisch ausgedrückt: «Kann ich Erleuchtung so gewinnen, dass ich sie zu eigen habe?» Klassisch europäisch ausgedrückt hieße das: «Kann ich Weisheit so gewinnen, dass sie *meine* ist?» Steckt in dieser Formulierung oder gar in diesem Wunsch vielleicht eine Gier nach Wissen, nach Selbstbestätigung durch Einverleibung? Als ob wir wüssten, was SELBST ist, wenn wir «Selbstbestätigung» sagen. Die Psychologien aller Kulturen haben zwar raffinierte Begriffe entwickelt, um das Unfassbare zu benennen und damit der Illusion Nahrung zu geben, wir hätten «es» im Griff. Doch wir tappen eher im Dunkeln, wenn wir mit dem Wort «Selbstbestätigung» sagen, dass das Selbst sich durch sich selbst bestätige. *Wer* ist hier aktiv? Man spürt eine innere Wahrnehmung, doch dies bleibt ein recht undurchdringliches Netz von sehr unterschiedlichen möglichen Gefühlen, Einbildungen, Behauptungen, Voraussetzungen und Annahmen, die sich aus bewussten und/oder verdrängten Lebenserfahrungen speisen und sich auch interkulturell ganz unterschiedlich darstellen. Wenn solche Begriffe hinterfragt werden und nach Gründen von Annahmen geforscht wird, kann es Überraschungen geben. Wir haben uns das voraussetzungslose Fragen weitgehend abgewöhnt, weil wir mit unseren Behauptungen identifiziert sind, aber ein Durchbruch wäre möglich, wenn wir neu entdecken, uns überraschen lassen und – staunen lernen.

«Wenn mein Leib nicht mein eigen ist, wessen ist er?» – «Dein Leib ist die abgesandte Form von Himmel und Erde. Dein Leben ist nicht dein eigen.» Himmel und Erde sind im Chinesischen Yang und Yin, die kontrastierend-komplementären Grundkräfte der Welt, die sich in den Polaritäten von männlich und weiblich, hell und dunkel, oben und unten, positiv und negativ ausdrücken, in Spannungsverhältnissen also, die Bewegung freisetzen. Oder, moderner (aber damit sogleich auch klassisch-aristotelisch) ausgedrückt, als die Spannung von Möglichkeit und Wirklichkeit, von Potentialität und Aktualität. Der Leib ist die abgesandte Form von Himmel und Erde. *Form* ist die lateinische Übersetzung des griechischen Wortes *Idee*, und dieser Begriff ist eine Grundkategorie europäischer Denkformen seit Platon und Aristoteles. Was aber ist die Idee? Eben nicht irgendein Einfall, den man spontan hat, auch nicht eine fixe oder eine flüchtige Idee, sondern Idee ist Form, also die Gestalt, die etwas hat, bevor es überhaupt da ist. Wir könnten auch sagen: die Matrix. Aber wenn wir es so bezeichnen, ist auch das nur ein lateinisches Wort, das uns das Bild der «Mutter» assoziieren lässt. Dann könnten wir Idee als die Gestalt auffassen, aus der alles kommt, das, was etwas zu dem macht, was es ist. Die Philosophen haben sich seit Jahrtausenden den Kopf darüber zerbrochen: Jedes «etwas» ist so, wie es ist, ganz einmalig, eine eigene Form; und doch gehören alle Bäume zur «Form Baum» im Unterschied zu Klangschalen oder Teekannen. Es geht also um die Frage nach der Identität. Die Form dieser Klangschale ist eine andere als die Form des Klöppels, der die Klangschale anschlägt. Was macht dieses zu dem und jenes zu dem anderen? Einerseits natürlich das Material: dieses ist aus Holz, jenes aber aus Metall. Aber bei einem anderen Gegenstand, einer Holztrommel etwa, haben wir zwei verschiedene Hölzer. Dieses Holz und jenes Holz. Dies ist eine Form, und jenes ist eine Form, unterschieden durch die Herkunft des Holzes aus dem einen oder einem anderen Stamm, unterschiedlich in der Verwendung, im Zweck also. Und erst dadurch wird es zu dem und zu jenem. Beide können wir aber nur am anderen und durch das andere erkennen, also in der Differenz, aus der wir dann geistig wieder die Einheit (z. B. in Bezug auf das Material des Holzes) herstellen.

Jeder Mensch ist eine andere Form, Milliarden und Abermilliarden von Menschen, alle haben zwei Augen, zwei Nasenlöcher, zwei Ohren und einen Mund und die meisten auch Haare, die einen weiblich, die anderen männlich, und wir erkennen sofort: Das ist ein weibliches Gesicht, und das ist ein männliches Gesicht. Oft verändert sich die Physiognomie im Alter, und es erscheinen androgyne Merkmale, die Form wird männlich und weiblich zugleich. Auch dann gleicht kein Gesicht dem anderen. Vielleicht haben wir schon als Kinder gestaunt, wie das sein kann – Milliarden von Menschen, die nie identisch sind, und zwar auch nicht im Fall eineiiger Zwillinge! Je genauer man hinschaut, umso mehr nimmt man die Verschiedenheit wahr, so viele Formen trotz allgemeinerer Merkmale wie des männlichen oder weiblichen Gesichts. Formen, die uns Nelken von Rosen unterscheiden lassen, die dann aber auch jeder einzelnen Rose oder Nelke ihre jeweils unverwechselbare Identität verleihen. Vielfalt, aber doch auch Einheit, indem die Vielheit zu Gruppen geordnet ist. «Dein Leib ist die abgesandte Form von Himmel und Erde.» Das heißt, er kommt aus der universalen Einheit und trägt die Signatur einer Vollkommenheit, und er ist doch gleichzeitig einmalig, verletzlich, endlich. Er wurzelt und entfaltet sich zwischen diesen beiden Polen. Wenn wir jung sind, identifizieren wir uns gern mit dem Leib – mit der bemerkenswerten Ausnahme während bestimmter Zeiten in der Pubertät –, wenn wir aber älter werden, tritt eher das Gefühl auf, dass wir nicht identisch mit dem Leib sind, denn viele fühlen sich ja viel jünger als dieses gebrechlich gewordene Vehikel.

Die hier präsentierte chinesische Weisheit weiß davon nichts, hier ist der Leib, wie er ist, die abgesandte Form von Himmel und Erde, ein Gebilde, das in kosmischen Zusammenhängen wurzelt, nicht zufällig ist, sondern das Ergebnis einer großen, weiten, langen Evolution. Wir sind Teil des Universums. Das, was manche Menschen bis ins Mark erschüttert hat und heute noch in fundamentalistisch-religiösen Kreisen Unmut erregt, dass wir nämlich in einer Evolutionskette verankert sind und auf einem Seitenast der Entwicklung von Primaten sitzen, ist doch im Gegenteil eine erhabene Perspektive: Wir sind tief verankert in den Gesetzmäßigkeiten und der Kreativität des Universums! Es ist großartig, dass wir verbunden sind, so wie es hier heißt: *eine abgesandte Form.* Wir hängen zusammen mit allem im Kosmos, eingebettet in dieses monumentale Schauspiel der kosmischen Evolution. Es bedarf schon einiger Ignoranz, die Evolution nicht als ein gewaltiges Schauspiel zu begreifen, an dem *bewusst* Anteil zu haben ein Privileg ist. Dein Leben ist nicht dein eigen, denn du kommst von den Sternen; die Materie des Leibes ist Sternenstaub und wird wieder zu Sternenstaub, eine große Sinfonie der Wechselbewegungen.

Und doch geht unser Lebenszyklus in diesem Weltendrama nicht unter, denn jedes Leben ist einmalig und besonders.

Der Leib ist die Gestalt durch Form, die bis in den Sternenstaub zurückverfolgt werden kann, und es ist das, was wir messen und somit als das Materielle beschreiben können. Das Leben ist die Bewegung, die Kraft, die Formen immer wieder entstehen lässt, neu kombiniert und ordnet. Dabei entstehen neue Wechselwirkungen und höhere Formen, insofern Informationen zusammenkommen und neue Potentiale entfalten, die zuvor nicht zur Verfügung standen: Es kommt zu dem, was wir in der Evolution als Emergenz bezeichnen. Solche Vorgänge sind Prozesse der Entwicklung, bei denen Neues entsteht, was nicht in den «Ausgangsmaterialien» schon vorhanden war, so wie Wasser ganz andere Eigenschaften hat als seine Ausgangsstoffe Wasserstoff und Sauerstoff.

Sterben ist das Vergehen alter und nicht mehr genügender Strukturen, und dies ist ein Prozess, der während des Lebens dauernd geschieht, es ist die andere Seite der Medaille des Entstehens. Das Sterben am Ende des biologischen Lebens könnte ein Durchgang in eine informationsreichere Form sein, wir wissen es nicht, können es aber begründet vermuten und abwarten. Denn alles ist Veränderung. Wir sind nicht dieselben, die sich vor einer Stunde hingesetzt und die Lektüre dieses Buches begonnen haben. Wir haben uns schon verändert. Denn nur in dieser Veränderung können wir wesentlicher werden. Heute kann sich anderes entfalten als gestern, und zwar nicht nur quantitativ, sondern qualitativ: Mehr Information kann kombiniert und zu komplexeren Synthesen verbunden werden. Das ist, wie gesagt, das Emergenzprinzip in der Evolution. Das Leben, was uns lebt, lebt uns von innen, aber es ist eine Energie, eine Kraft, die uns nicht gehört. Es ist «der abgesandte Einklang von Himmel und Erde». Was aber heißt *Einklang*? Das koordinierte Miteinander verschiedener Schwingungen oder Lebenskräfte, z. B. Erkennen, Fühlen, Begehren, Wünschen, Bedürftigkeit und die Sättigung dieser Bedürftigkeit. Ganz allgemein gesprochen sind es Anspannung und Entspannung, Systole und Diastole im Kreislaufsystem, Ein- und Ausatmen, Himmel und Erde – eben: Yang und Yin. Der Einklang, das ist im Chinesischen das *Dao.*

Erfülltes Leben besteht nicht in der Ausführung eines vorgegebenen Programms beziehungsweise im Ausfüllen einer vorgegebenen Schablone, sondern in kreativer Entwicklung von Potentialen durch Wechselwirkungen mit allem, was ist. In ständiger Kreativität sind Leben und Sterben ineinander verwoben. Und das ist das *Dao, das durch mich hindurch geht, das nicht mein eigen ist*, an dem ich aber sehr wohl bewusst Anteil habe, wenn ich mich öffne, aus seiner Dynamik zu leben.

Leben ist das Zusammenspiel des Vielfältigen. Es ist nicht nur das, was wir machen und was wir für unser ICH halten, sondern es ist ein Zusammenspiel aus Einklängen und Mehrklängen beziehungsweise Akkorden. Einklang, Zusammenspiel, Akkord – das sind Begriffe, die uns aus der Musik vertraut sind, wo es um das Zusammenwirken von unterschiedlichen Instrumenten und Klängen geht, um Töne und ihre Obertöne, die miteinander in «Kommunion» treten und Resonanzen erzeugen. Dadurch wird jene Vielfalt von lebendigen Klangereignissen erzeugt, die uns zutiefst mitreißt. Wer würde hier nicht staunen und Dankbarkeit empfinden?

Der Autor des daoistischen Textes spricht noch einen dritten Aspekt an: «Deine Sonderheit ist nicht dein eigen.» Das heißt, das Besondere, was du einmalig bist, gehört nicht dir. Bisher hätten wir ja sagen können: Die menschliche Form, die über die Vererbung durch die Eltern und letztlich aus einer langen Kette der Evolution zu mir gekommen ist, stellt die Basis dar, aus der sich meine Lebensgeschichte entwickelt hat. Aber dieses «mein» ist ein Prozess von Wechselwirkungen mit Einflüssen aus der Mitwelt aller Art – Lehrern, Freunden, Gegnern, sozialen Umständen, kulturellen Standards, der Sprache und so weiter. Vor langer Zeit kamen verschiedene Aminosäuren zusammen und wurden unter bestimmtem Druck und Wärme miteinander verknüpft, so dass sich, irgendwie, das Leben entwickeln konnte, das dann evolutionär weitergegeben wurde. Aber das, was ich jetzt bin, diese einmalige Gestalt, diese einmalige Biografie, das Besondere, das ich als ICH wahrnehme, weil ich es für meine Identität halte – ist das nicht «meins»? Nein, auch das ist nicht mein eigen, sondern «Bildsamkeit von Himmel und Erde». Erst die Form, dann der Einklang, jetzt die Bildsamkeit. Was ist damit gemeint? Es ist die Kreativität. Bildsamkeit zum Beispiel ist die Formkraft der Natur, die variantenreiche Kristalle hervorbringt, oder die Gestaltung, die der Künstler einem Farbgemisch gibt und ein Bild daraus entstehen lässt, auch die ungeheure Kreativität des Lebens, die es ermöglicht, dass diese vielen Milliarden und vielleicht eine schier unendliche Zahl einzelner Leben entstehen und vergehen, die wir dann für «Ich» halten.

Was also meint «Ich»? Es ist nicht etwas, das dem Geschehen der Welt gegenüberstehen würde, etwas Abgekapseltes, das für sich wäre, sondern es ist eine Ausprägung dieser ganzen Evolutionsgeschichte, die sich selbst erkennt und weiß, dass sie ist, die ein aktives Verhältnis zu sich selbst hat. Genau das ist ein Aspekt oder eine Emergenz im schöpferischen Prozess der Welt selbst. Es ist etwas, was durch mich hindurchgeht, was ich nicht selbst gemacht habe, sondern das mich formt, so dass ich als *dieses* bin. Dies so klar wie möglich zu durchschauen möchte ich *denkende Dankbarkeit* nennen. Das ist eine Einsicht, nicht nur ein Gefühl. Je mehr wir in diese Zusammenhänge Einsicht gewinnen, umso größer das Staunen und umso größer die Dankbarkeit.

Aber auch Folgendes ist möglich: Das staunende Hineinschauen in den Kosmos ist ein Zurückschauen in die Zeit aufgrund der Expansion des Universums. Je weiter wir schauen, umso mehr schauen wir zurück, und das kann wegen der Unermesslichkeit auch Angst hervorrufen. Wann macht es uns Angst und wann erzeugt es Dankbarkeit? Das ist eine wichtige Frage, und sie betrifft nicht nur die Schau in den Kosmos, sondern in das eigene Leben bis zu unserer Geburt und noch weiter zurück in die pränatalen Anfänge. Auch das kann Angst machen, wenn wir uns die eigene Geburt vergegenwärtigen und mental nacherleben. Denn in jeder Geburt manifestiert sich die unverfügbare Urgewalt des Schöpferischen. Die damit verbundene Gefahr, ohne die sich kein Leben entwickelt, kann Angst machen, wenn sich der Lebensdruck gleichsam überschlägt und das Individuelle wieder absterben lässt. Wir, die wir diese kurze Zeitspanne von 70 oder 80 oder 90 Jahren leben, gehen bewusst auf den Tod zu, der als ein Einschmelzen in die Evolution des Ganzen betrachtet werden kann. Das ist unsere Form von Himmel und Erde, unser Einklang mit Himmel und Erde und unsere Besonderheit in Himmel und Erde.

Wann also entwickelt sich Angst, wann entsteht Dankbarkeit? Angst macht es uns, wenn wir unser Ich-Empfinden festhalten wollen und uns entgegenstellen gegen die Verbindung mit dem Umgreifenden, wie wir soeben angedeutet haben, in religiöser Sprache letztlich gegen die Verbindung mit Gott und den göttlichen Energien. Wie wir aber gesehen haben, ist das Eigene gar nicht das Eigene, sondern es kommt zu uns. Wo wir aber unsere begrenzten Erwartungen zum Maßstab der Sinnhaftigkeit des Universums beziehungsweise Gottes machen, ist Einklang nicht möglich und wir leben in Disharmonie. Die Folge ist Angst, Dankbarkeit aber ist genau das Gegenteil und das Gegenmittel gegen Angst. Aus Meditationserfahrungen wissen wir: Wenn das sich abkapselnde Ich-Empfinden verschwindet, entsteht eine große Weite, die als Harmonie und Glück ohne Grenze erlebt wird. Es ist ein Sicheinlassen und Mittragenlassen, so wie im Yoga geübt wird, dass wir uns vom Atem tragen lassen. Ein- und Ausatmung bilden die Gestalt, den Einklang, wie es hier heißt, von Himmel und Erde. Und zum Schluss heißt es: «Du gehst, und weißt nicht, was dich treibt. Du ruhst, und weißt nicht, was dich trägt. Du ißt, und weißt nicht, was dich schmecken macht. Das ist die starke, wirkende Kraft von Himmel und Erde.»

Alle fundamentalen Lebensbewegungen – das Gehen, das Ruhen, das Essen, das Schmecken, unsere sinnlichen und geistigen Fähigkeiten, unsere körperlichen Fähigkeiten zur Bewegung, zur Fortpflanzung und zur Verdauung – sind Energien, die in uns wirksam sind, bevor wir überhaupt ein Gefühl von Ich und Mein und Du und Dein entwickeln können. Denn wie kommt es, dass wir beispielsweise in der Lage sind, etwas zu schmecken? «Schmecken» ist eine Kommunikation des Wahrnehmungs- und Bewertungssystems mit sich selbst, ein Kommunizieren der Aktivitäten von unterschiedlich empfindlichen Sensoren in unseren Sinnesorganen, die mental zu Eindrücken verarbeitet werden, die ein bewusst erlebtes Bild der (zeitweiligen) Relation des leibseelischen Organismus mit der Außenwelt erzeugen. Wenn die Aktivität verschiedener Neuronengruppen selbstbewusst wird, sprechen wir von Geist. Wir wissen, dass dies geschieht, aber niemand kann erklären, was es eigentlich ist. Uns wird bewusst, dass wir schmecken oder tasten. Es ist nicht einfach nur heiß oder kalt, wobei sich unsere Hand automatisch wegzieht, ein unmittelbarer Impuls, der vor Verbrennungen schützt, sondern ein bewerteter Impuls wie etwa der Geschmack mit seiner Vielfalt an Möglichkeiten, und dieser wird uns bewusst. Durch diese Bewusstheit erleben wir, dass wir sind. Trotzdem können wir nicht erklären, was dieser Geschmack ist und wo er herkommt. Er ist das Leben als der «abgesandte Einklang von Himmel und Erde», ein Zusammenhang, in dem sich die Welt selbst bewusst wird, kommt und geht, ein- und ausatmet. In jedem Augenblick unseres Lebens, jeden Tag neu, in den Phasen der Kindheit, der Jugend, der Reife, des Alters, des Sterbens und des Todes. In jeder dieser Phasen entstehen neue Möglichkeiten und neue Formen, und zwar aufgrund neuer Konstellation. Konstellation heißt ja wörtlich «Sternenzusammenstellung» (lat. *stella*, der Stern). Alles entsteht aus und in neuer Bewegung, die sich kosmischen Zusammenhängen verdankt, dem Einklang von Himmel und Erde, der das kreative Universum erzeugt.

Was bei dem Entstehen und Vergehen übrig bleibt im Bereich des Geistigen, wissen wir nicht genau, und es sollte uns nicht beunruhigen, denn wir können mit guten Gründen annehmen, dass in unserer geistigen Erfahrung dieses ganze Universum anwesend ist. So wächst das Vertrauen, dass das, was wir hier und jetzt gelebt haben als abgesandte Form von Himmel und Erde, als abgesandter Einklang von Himmel und Erde, als abgesandte Bildsamkeit von Himmel und Erde, die starke wirkende Kraft von Himmel und Erde ist, die nicht aufhört. Hier sind wir an der Grenze des Vorstellungsvermögens, und gerade die Grenze macht das, was erscheint, zur Möglichkeit von Erfahrung des Lebens in das Sterben hinein, auch des Sterbens in den Tod hinein und in alle Formen und neuen Formen der Welt. Wenn uns dieser Zusammenhang einleuchtet, kann Dankbarkeit entstehen, aus der Freude wächst. Die Freude bewirkt Wachheit, die wiederum unsere Aufmerksamkeit intensiviert. Sie lässt uns staunen und präsent sein, und das wiederum verstärkt und vertieft die Dankbarkeit. Ein sich selbst regelnder und stimulierender Kreis von Lebensdynamik, die kraftvoll und liebevoll lebendig ist, spannt sich auf, auch dann, wenn sich der Schmerz des Abschieds und der Schmerz des Körpers einstellen. In diesem lebensdynamischen Kreis kann aus Trägheit, Müdigkeit und Schwäche Lebendigkeit und geistige Wachheit werden, eine Möglichkeit, der wir durch Übung Raum verschaffen können.

In allen spirituellen Traditionen – sei es Jesus im Garten Gethsemane oder seien es die Buddhisten, deren Ziel es ist, selbst Buddha («der Erwachte») zu werden, bis hin zu dem islamischen Mystiker Dschalal ad-Din Rumi (1207–1273) – geht man davon aus: Wir sind noch nicht ganz wach, wir sind nicht ganz da.

Aufwachen, Erwachen, Buddha werden – das bedeutet, im Hier und Jetzt vollkommen präsent zu sein und die verschiedenen Dimensionen, die wir am Text Zhuangzis erläutert haben, auszuloten und uns dem unabänderlichen Wandel in Dankbarkeit anzuvertrauen, auch im Schmerz, im Abschied und in Tränen. In unserem Sprachgebrauch heißt es: «Tief durchatmen», und jeder hat sich das schon einmal eingeschärft und anderen empfohlen. Denn im Atmen zeigen sich die Kräfte, die durch einen hindurchgehen. Dann kehrt die Lebenskraft in gesteigerter Form zurück, weil wir die Erfahrung gemacht haben, dass durch Abschied und Schmerz hindurch das Leben, die Lebendigkeit und das Wachsein nicht aufhören. Das ist Dankbarkeit angesichts des Lebens und des Sterbens, angesichts der Einsicht, dass wir aus dem Sternenstaub kommen und in den Sternenstaub zurückgehen, dass wir eingebunden sind in nicht weniger als die gesamte Evolution der Welt. Ein wunderbares Bild. Eine große Sinfonie des Einklangs, wenn wir uns ihr hinzugeben bereit sind. Spirituelle Praxis besteht darin, diese Hingabe zu lernen.

Übungen

1. Visualisieren Sie ein Ereignis, das noch nicht zu lange zurückliegt, an dem Sie Freude empfinden. Es kann etwas ganz Kleines sein, aber stellen Sie sich die Umstände und den Gegenstand, der auch eine Person sein kann, genau vor. Versuchen Sie die Klänge zu erinnern, die das Ereignis begleitet haben. Versuchen Sie, die begleitenden Gerüche in Erinnerung zu rufen. Alles so konkret wie möglich.
2. Nun atmen Sie weiches, warmes Licht ein, Gelb oder Rot oder beides in Übergängen. Lassen Sie die angenehme Lichtempfindung in den Kopf strömen, entweder durch den Schädel in Ihr Inneres oder durch Nase und Mund. Folgen Sie der Empfindung, die Ihnen leichter fällt. Verbinden Sie die Erinnerung an das Ereignis mit der Einatmung des Lichtes. Wenn Sie wieder ausatmen, strahlen Sie die innere Freude nach außen in den Raum. Empfinden Sie Dankbarkeit dafür, dass es jetzt rhythmisch in Ihnen atmet, und dafür, dass Sie dieses angenehme Ereignis in sich wachrufen können.

3. Lenken Sie nun die Licht- und Wärmeempfindung mit der Aufmerksamkeit nicht von innen nach außen, sondern beim Ausatmen vom Kopf durch die Brust in den Bauchraum. Lassen Sie das Licht und die angenehme Empfindung nach unten fließen, langsam und genau. Spüren Sie, wie der Brustraum von angenehmer, weicher Empfindung erfüllt wird, und lassen Sie die Aufmerksamkeit im Bauchraum ruhen, der weich, erfüllt und groß ist. Bis es von allein wieder einatmet. In der Einatmung, bei der das Licht wieder in den Kopf strömt, beginnen Sie von vorn.
4. Atmen Sie hell-goldenes Licht durch den Kopf ein, spüren Sie, wie ein Strom von oben durch Ihre Schädeldecke einfließt. Lassen Sie das Licht über Nase und Mund bis zur Herzgegend fließen.
   Atmen Sie dunkel-goldenes Licht aus der Herzgegend nach außen aus.
   Lenken Sie diesen Strom des Ausatmens zuerst auf die Ihnen nahestehenden Personen, dann auf die nähere Umgebung und die Menschen, die sich im Haus befinden, dann in die ganze Welt.
   Spüren Sie, wie das Ausströmen Sie stark macht. Je mehr Sie geben, umso stärker fühlen Sie sich.

Sie können die Übungen im Liegen oder im Sitzen durchführen, auch abwechselnd. Achten Sie genau darauf, wie die veränderte Körperhaltung eine leicht veränderte Empfindung auslöst. Lieber weniger, aber genau: Spüren Sie jeder Empfindung genau nach. Fühlen Sie sich wohl und entspannt.

3. Rückzug

Phasen des Rückzugs sind heilsame Gegengewichte zu Phasen gesteigerter Aktivität. Der Rhythmus von Aktivität und passiver Zurücknahme ist im Leben angelegt, es handelt sich um einander wechselseitig stabilisierende Prozesse wie Tag und Nacht, Hell und Dunkel, Wachen und Schlafen, Bewegung und Innehalten. Lebewesen tendieren zu stabilisierenden Gleichgewichten, die, sobald sie erreicht sind, wieder verlassen werden, um erneute Aktivität (der Nahrungsaufnahme und Verdauung, der regenerativen Aktivität und der Ruhephasen) einzuleiten.

Im Leben des Menschen spiegelt sich diese Wechselseitigkeit in den unwillkürlich ablaufenden Biorhythmen wider. Darüber hinaus aber gestaltet der Mensch sein Leben bewusst im ständigen Austausch mit wechselnden Umwelten, und hier kann es im Verhalten zu Ungleichgewichten kommen, die den Organismus physisch und psychisch schädigen. Das Phänomen ist heute vor allem unter dem Begriff des sozial induzierten Stresses bekannt, und die Stressoren sind in modernen, von den Biorhythmen weitgehend abgekoppelten Industriegesellschaften so vielfältig, dass wir hier nicht darauf eingehen können. Zu wenig Bewegung kann die Balance ebenso beeinträchtigen wie ein Zuviel an Bewegung oder zu viel Licht, Geräusch,

Nahrung, Umgebungswechsel und so weiter. Oft ist zusätzliche «Betriebsamkeit» ein Mittel, das wir einsetzen, um bewusst oder unbewusst fundamentale Probleme (mit unserem Selbstbild, dem «Lebenssinn», der Partnerschaft) zu übertünchen, so dass es zu psychosomatischen Folgen wie Krankheit, «Tick» oder ungesteuerter Rastlosigkeit kommt. Dann läuft alles aus dem Ruder, die Lebensrhythmen sind gestört, Herzrhythmusstörungen sind die logische Folge, und wir können uns selbst wortwörtlich zu Tode hetzen. Nicht selten sind wir Treiber und Getriebene zugleich.

Gibt es einen Ausweg? Wir werden im 6. Kapitel («Loslassen») das Thema «absichtslos» im Rahmen der daoistischen Erzählung vom Kaiser, der die Perle sucht, besprechen. Absichtslosigkeit ist ein Rückzug aus gespannter und überspannter Willensanstrengung. Rückzug wird kulturell inszeniert durch Mußestunden, Feiertage und Urlaub. Rückzug kann auch eine Auszeit sein, um zu sich zu kommen, um durchzuatmen, um Spannung abzubauen. Kurz, Rückzug ist eine Kulturtechnik beziehungsweise ein mehr oder weniger periodisch (aus)geübtes Ritual. Bekanntlich gelingt die «Ent-Spannung» nur, wenn man auch gelernt hat, tatsächlich zu entspannen. Orts- und Zeitwechsel allein bewirken noch keinen Rückzug, im Gegenteil, sie können zum Stress beitragen oder ungelöste Problemlagen noch verschärfen, wie wir aus der Psychopathologie der Weihnachtseinsamkeit und der Urlaubsaggressivität wissen.

Sterben ist ein manchmal abrupter, meist allmählicher Rückzug aus Bindungen, Verbindlichkeiten und routinierten Lebensmustern, der uns widerfährt (ob wir wollen oder nicht), den wir aber in gewissem Maße steuern können, und diese Lenkung wiederum kann dem Geschehen einen «Sinn» geben, zumindest Ängste abbauen. Sterben ist ein Übergang im Rückzug. Können wir Rückzüge erlernen?

Ich möchte ein Beispiel geben: die Taufe Jesu und sein Gang in die Wüste, wie es in der griechischen Bibel erzählt wird. Hier ist schon die Formulierung wichtig: Jesus geht nicht in die Wüste, sondern er wird in die Wüste geführt. Das ist ein wesentlicher Unterschied. Es geschieht aufgrund eines Dranges, der umfassender ist als ein willentlicher Entschluss. Und es ist auch ein Unterschied in Bezug auf die Fragen nach der Qualität des Rückzugs, ob nämlich ein solcher Rückzug absichtslos oder gewollt sein sollte. Retreat, Rückzug oder Auszeit sind ja in aller Munde, und an Geschäftsideen zur Ausgestaltung solcher Pausen fehlt es nicht. «Aus-Zeit», man versuche, dieses Wort genau zu buchstabieren, und wird sehen, wie widersprüchlich es ist. Man will eine Zeit außerhalb der Zeit finden, zumindest eine qualitativ andere Zeit, aber man tut dies mit Planungen und Absichten und Erwartungen, die alle Merkmale der Jetzt-Zeit tragen, nur eben, dass die Defizite benannt werden. Es bleibt aber beim gleichen Antrieb, der den Motor auf Hochtouren laufen lässt, nur eben jetzt im Rückwärtsgang, und der kann die Maschine bekanntlich noch lauter aufheulen lassen.

Die Ruhe, die wir suchen, der Rückzug, kann sich nicht im Äußerlichen abspielen, sondern wurzelt im Perspektivenwechsel des Inneren. Er hat mit den Phasen unseres Lebens zu tun. Dazu einen berühmten und vielzitierten Text:

Ich lebe mein Leben in wachsenden Ringen,
die sich über die Dinge ziehn.
Ich werde den letzten vielleicht nicht vollbringen,
aber versuchen will ich ihn.

Ich kreise um Gott, um den uralten Turm,
und ich kreise jahrtausendelang;
und ich weiß noch nicht: bin ich ein Falke, ein Sturm
oder ein großer Gesang.

Wenn Rainer Maria Rilke (1875–1926) in seinem Gedicht aus dem «Stunden-Buch» von den «wachsenden Ringen» spricht, in denen man lebt und die man vielleicht (noch) vollbringen wird oder auch nicht, dann ist dies zunächst eine Ausdehnung in die Welt hinein, nicht ein Rückzug. Doch spätestens in der zweiten Lebenshälfte, wenn die Energien des Körpers spürbar nachlassen, wird uns bewusst, dass es auch ein Innenleben gibt, das durch Rückzüge farbiger und lebendiger werden kann. Dann ist es Zeit, den Rückzug als ein Kreisen um die Mitte mit Staunen, der Bereitschaft, die Perspektive zu wechseln, und neugierig anzutreten. In der Jesus-Geschichte ist es der Geist, der Jesus in die Wüste führt, also in einen Rückzugsraum. In unser aller Leben sind es meistens die Signale des Körpers, die uns zum Rückzug einladen. Ich sage: zum Rückzug *einladen*, nicht treiben oder zwingen. Je nachdem, wie wir diesen Wechsel – die Wechseljahre in einem ganz umfassenden Sinn – empfinden, ob als Verlust oder als Möglichkeit zum Erschließen neuer Dimensionen des Lebens, je nachdem wird ein Lebensrückzug mit ganz unterschiedlicher Qualität möglich.

Die Lebensphase, in der die Ringe nicht mehr wachsen, sondern gleichsam wieder nach innen fließen und kleiner werden, liegt meist in der zweiten Lebenshälfte oder im Herbst unseres Lebens, der dann übergeht in den Winter und die Phase des Sterbens. Es ist ein Sichzurückziehen nach innen, eine Konzentration. Diese Bewegung nach innen kann genauso interessant, spannend und spiegelbildlich erfüllt sein wie das Ausgreifen nach außen in der Jugend, die sich vornehmlich durch die Lust am aktiven Gestalten der äußeren Lebensverhältnisse auszeichnet. Der Rückzug ist, wenn er bewusst vollzogen wird, eine Mehrung der Kondensation von Energie. Die Metapher der Kondensation soll Verdichtung signalisieren, wie bei der Luft, die sich als gasförmig verströmende Feuchtigkeit weit ausbreitet und nun bei Abkühlung zum räumlich beschränkten Wassertropfen kondensiert, um sich bei noch weiterer Abkühlung zu nochmals dichteren Eiskristallen umzuformen.

Rückzug ist Verdichtung, nicht nur ein Verzicht oder eine letztlich ungewollte Einschränkung im Leben. Rückzug muss durchaus nicht einen Verlust von Lebendigkeit bedeuten, wohl aber eine Umkehrung der Richtung, in der Energie sich verbraucht. Jetzt geht es nach innen, und unsere Er-*innerungen* werden verdichtet zu einer neuen Intensität von Erleben. Rückzug ist Vorbereitung, und hier sind wir wieder bei Jesu Gang in die Wüste, der als Vorbereitung für seinen Weg und der Hingabe des Lebens für viele betrachtet werden kann, also auch für seine bewusste Akzeptanz des Sterbens. Rückzug bedeutet Intensivierung, Entschleunigung, die Möglichkeit von Genauigkeit, und das hat auch sinnliche Qualität. Wer etwa Musik intensiv erlebt, zieht sich in eine innere Bewegtheit zurück. Selbst im Rausch des kollektiven Musikerlebens beim Rock-Festival ist gleichzeitig ein Rückzug in die Intensivierung der eigenen Synchronisierung von Hörbewegung, Atembewegung, Körperbewegung zu verzeichnen. Es geht auch hier nach innen, gerade auch, wenn äußerlich die Tanzbewegungen oder rhythmischen Synchronisierungen ein kollektivierendes Muster von Gruppendynamik ergeben.

In den indischen Kulturen hat das Thema des Rückzugs als ideales Lebensmodell in den sogenannten vier Ashramas, den

Lebensaltern, seinen ganz eigenen Ausdruck gefunden:[6] die Jugend (*Brahmacarya*), die Reife (*Grihastha*), der Rückzug im Alter (*Vanaprastha*), der vollkommene Rückzug zur Vorbereitung auf das Sterben (*Sannyasa*).

Brahmacarya ist die Zeit des Lernens, der Schülerschaft und – manchmal – des Lebens in der Hausgemeinschaft des Lehrers (*guru*). Im alten Indien ging es vor allem um das Studium der Heiligen Schriften (*veda*) und der Rituale, dann aber auch um die Wissenschaften und die Künste, vor allem aber um die Herausbildung von intuitivem Wissen.

Grihastha ist das Leben als Haushalter, das mit der Hochzeit beginnt. Wirtschaftlicher und sozialer Erfolg stehen im Mittelpunkt dieser Lebensphase. Spirituell wird die Lebensgestaltung in dieser Form als *karmayoga*, die spirituelle Übung im alltäglichen Handeln, eingestuft, das heißt, man hat seinen Pflichten nachzukommen und damit auch einen Dienst an der Gesellschaft zu leisten.

Vanaprastha (Ashrama). Wer sein Leben als Haushalter abgeschlossen und die Kinder großgezogen hat, so dass sie selbständig sind, soll sich zurückziehen und der spirituellen Übung widmen, und zwar zunächst in der zurückgezogenen Gemeinschaft von Waldeinsiedlern (*vanaprastha*). Nicht selten gingen beide Eheleute gemeinsam diesen Weg, aber es war auch legitim, wenn sich ihre Wege in der spirituellen Übung trennten, wenn sie also im Alter verschiedenen Zielen folgten. Ein Ashram ist eine Gemeinschaft derer, die sich auf eine solche spirituelle Suche begeben haben. Im Ashram steht das Leben jenseits der weltlichen Verpflichtungen im Mittelpunkt. Es geht um Moksha, die Befreiung aus Bindungen, insbesondere aus den Fesseln der eigenen Projektionen und unklaren Bewusstseinsinhalte. Diese Stufe kann die Vorbereitung auf ein Leben in völliger Entsagung (*sannyasa*) sein, muss aber nicht in dieser radikalen Praxis münden. Oft lebt man eine gewisse Zeit im Ashram und kommt dabei in Kontakt mit der Aura des Guru, des spirituellen Meisters. Die indische Gesellschaft hat bis heute ein Gespür für die charismatische Qualität von Gurus (oder Gurunis, denn es gibt auch viele weibliche Gurus), und nicht selten holen sich auch Politiker oder Führungskräfte aus Wirtschaft und Wissenschaft bei ihnen Rat. Auch nach dem Tod, nachdem der Leichnam des Guru eingeschreint worden ist,[7] lebt man im Ashram in der «Aura» beziehungsweise spirituellen Präsenz desselben.

Sannyasa ist die letzte Lebensphase, in die man aber auch schon in jüngeren Jahren eintreten kann. Der Sannyasin ist der Mönch, der außerhalb der sozialen und rituellen Ordnung steht, er gilt nicht mehr als gesellschaftliches Wesen: Name, Familie, Kaste, Religion, jede Form von kultischer oder sonstiger Verpflichtung hat er hinter sich gelassen. Er ist der Mönch (*monachos*), der Einsame par excellence, der alle Bindungen gelöst hat. Der Sannyasin ist der Welt gestorben, im Mittelpunkt steht für ihn, das «Jenseitige» zu suchen, zu verwirklichen und darzustellen. Sannyasin «wird» man nicht aufgrund eines Willensentschlusses, denn dieser wäre ja noch ein Begehren, sondern es ereignet sich. Sannyasin zu sein bedeutet die völlige Selbsthingabe, die radikale Hingabe im zweifelsfreien Vertrauen. Der Sannyasin lebt damit das spirituelle Ideal, das jeder Hindu anstrebt: sich in Gott aufzulösen, so wie Hagel in den Ozean fällt.[8]

In der intensivierten Wahrnehmung des Rückzugs sind es dann oft die kleinen Dinge, die uns faszinieren – der Flügelschlag eines Insekts, der unverwechselbare Klang einer Vogelstimme, der Wassertropfen, der in der Sonne glitzert, die Geschmacksnuance eines bestimmten Tees oder eines Rotweins. Oder ein Erinnerungsbild, das ein Bouquet von Assoziationen weckt, für die wir uns Zeit lassen und denen wir Raum geben. Rückzug ist Verlangsamung – auch des Sprechens, auch der Schreibgeschwindigkeit. Wer das akzeptiert, empfindet die Veränderungen im Alter nicht als Mangel, sondern als Gewinn, ein Auskosten dessen, was zuvor in der Hektik untergegangen ist. Rückzug ist also nicht die Abwesenheit von Eindrücken oder die Abwesenheit von Lebendigkeit, sondern ganz im Gegenteil die Anwesenheit von konzentrierten Eindrücken, eine Erfahrung von Präsenz und der Chance, nicht zu müssen, sondern zu dürfen. Die Reife des alternden Menschen, seine Bedächtigkeit, kann zur Weisheit werden, wenn die widerständigen Erfahrungen des Lebens integriert sind. Diese konzentrierte Genauigkeit in der Wahrnehmung lässt uns innehalten. Das schöne Wort «Innehalten» können wir etwas frei so lesen: Etwas Kostbares wird nach innen gehalten und bewahrt, im Herzen bewegt.

In Kulturen, die alten und sterbenden Menschen mit Ehrfurcht begegnen, wo die Würde des Alters ein Wert an sich ist, kann auch die Schönheit des alternden Menschen geschätzt werden. Es ist nicht die Schönheit der Jugend, sondern die Schönheit der faltigen, eingefalteten Erfahrung, der wissenden Integration, die sich im Blick des verzeihenden Verstehens und der abgeklärten Zurücknahme zeigt. Selbst in einem sich modernisierenden Land wie China genießen alte Menschen immer noch eine besondere Wertschätzung. Wenn es sich um berühmte Gelehrte handelt, werden sie sogar als «Nationalschatz» tituliert. In diesem Sinne schreibt Laozi (vermutlich 6./5. Jh. v. Chr.) in seinem *Daode jing* (Spruch 9):[9]

Besser ist aufhören denn überfüllen.
Die Klinge, immerfort geschärft, bleibt nicht lange Klinge.
Der Saal, mit Gold und Jade vollgestopft, ist nicht vor Räubern zu bewahren.
Glanz und Ehren, mit Hochmut gepaart, ziehn sich selbst ins Verderben.
Zurückziehn nach getanem Werk – so ist das Dao des Himmels.

Dieser Spruch erschließt sich vom Schluss her: *Zurückziehen nach getanem Werk.* Es geht nicht darum, die Aktivität des Lebens kleinzureden oder in irgendeiner Weise zu schmälern. Es geht auch nicht darum, die Freude an der Gestaltung unseres Lebens, unserer Gedanken, unserer Umgebung, unseres Raumes und unserer Zeit, zu bezweifeln. Dies alles sind wunderbare Gelegenheiten, in denen wir uns als Menschen spüren und erproben, was in uns steckt an Möglichkeiten, von denen wir nur einen Teil tatsächlich realisieren können. Aber in dieser Beschränkung Wesentliches zu entwickeln, gerade auch in alltäglichen und nur scheinbar trivialen Tätigkeiten wie dem Kochen, Putzen, Fegen, Bettenmachen oder Tischdecken, kann zutiefst befriedigend sein und damit Befriedung schaffen. Wir alle kennen dies: die Genugtuung nach einem gut formulierten Brief oder wenn uns die perfekte Geschmacksbalance beim Kochen gelungen ist, die Freude, wenn der Tisch fein gedeckt oder eine handwerkliche Leistung vollbracht ist. Es sind nicht nur die von den anderen als groß erachteten künstlerischen oder wissenschaftlichen Leistungen, die zählen, sondern gerade die stille Vollkommenheit im Kleinen.

Auch im Alter hat dies Bedeutung, wenngleich hier die Kräfte anders eingesetzt werden können und müssen. Dafür ein Beispiel: Alten Menschen kann es schwer werden, die Treppen zu steigen, Sterbenden wird es mühsam oder fast unmöglich, eine Drehung im Bett zu bewerkstelligen. Der Betreffende kann sich dem resigniert fügen, mit Wut entgegenstemmen oder ein Versagen empfinden. Aber man kann es auch mit einer gewissen Gelassenheit quittieren und langsam, mit fremder Hilfe, vielleicht mit zunehmender Akzeptanz, die noch mögliche minimale Bewegung genau registrieren und bedächtig ausführen. Die Bewusstseinshaltung ist dabei so wichtig und kann alles verändern, wenn er oder sie den Rückzug *will*, der durch den Rückgang der physischen Kräfte ohnehin eingeleitet worden ist. «In Frieden leben – in Frieden sterben» hängt damit zusammen.

Zurückziehen nach getanem Werk. Das Werk ist bei jedem Menschen verschieden, und es ist wichtig, sich selbst nicht am Erfolg oder Misserfolg anderer zu messen, sondern das Eigene zu suchen und auszufüllen. Auch das nicht Vollbrachte gehört zum gelebten Leben, immer gibt es auch Unvollendetes und Misslungenes, selbst bei sehr erfolgreichen Menschen! Der Blick zurück mit Dankbarkeit und Freude und das Wissen, dass unser Werk *Stückwerk* ist und bleibt, sind die beste Voraussetzung für gelingenden Rückzug.

Besser ist aufhören denn überfüllen. Wer meditiert, kennt die Freude am Reduzieren. Hier geht es nicht nur um materielle Dinge und die Überwindung materiellen Strebens, sondern auch um die Reduktion der Überflutung mit Sinneseindrücken und Gedanken. In Meditationskursen wird eine solche Haltung bewusst eingeübt; in einer Woche des Schweigens gewinnt jedes einzelne Wort mehr an Gewicht. Auch jeder Schritt, jede Mahlzeit erhält eine ganz neue Kraft und Schönheit, weil die volle Aufmerksamkeit auf weniger gerichtet ist. *Besser ist aufhören* heißt es bei Laozi. Das Wort «aufhören» erschließt in seinem Doppelsinn das Hintergründige: Aufhören im Sinne von *beenden* und aufhören im Sinne von *aufmerken*. Wenn ich nämlich etwas lasse, entsteht Raum für das, was ist und was ich dann mit Intensität hören kann. Beim Aufhören gewinne ich etwas, indem das, was sich gerade jetzt zeigt, wesentlich wird. Wenn ich aufhöre, Lärm zu machen, höre ich vielleicht den Gesang der Vögel oder die wunderbare Klangkraft der Stille. Das ist ein Aufhören, ein Aufmerken, eine Aufmerksamkeit, die uns verloren geht, wenn wir ständig «überfüllen». Meistens leiden wir – heute ganz besonders aufgrund der technisch-medialen Möglichkeiten – an einer Überfüllung mit Sinneseindrücken, die Empfindungen und Gedanken erzeugen, die wir nicht verarbeiten können. Die ständige Reizüberflutung verlangt nach immer stärkeren Reizen – ein problematisches Suchtverhalten. Dahinter steckt wohl die Flucht vor der Begrenzung des Lebendigseins, letztlich eine Flucht inmitten der Angst, dass alles sinnentleert sei. In der kunstgeschichtlichen Tradition nannte man dies den *horror vacui*, der Schrecken vor dem Leeren, früher allerdings, weil im leeren Raum das Böse befürchtet wurde, heute, weil dort nichts als gähnende Leere wartet. Es ist die Angst, sich dem Offenen auszusetzen. Der Lärm ist dann betäubende Selbstberuhigung. Das ist ein uraltes Motiv – Lärm, um Dämonen zu vertreiben, etwa am Polterabend, und nicht zuletzt auch beim Läuten der Kirchenglocken. Diese Angst gab es in der Geschichte schon immer. Das Unfertige, das Begrenzte ist jedoch ein Aspekt des Lebens. Rückzug bedeutet das Ja zum Torso, zum Augenblick, den man so, wie er ist, stehen lassen und mit Dankbarkeit annehmen kann. Dann ist es möglich, Heilung zu erfahren, statt Lärm machen zu müssen. Angesichts dessen, dass wir sterben werden, ist es besser, aufzuhören denn zu überfüllen.

Die Klinge, immerfort geschärft, bleibt nicht lange Klinge. Alles hat sein Maß. Wer es überzieht, wird selbst stumpf. Diese Erfahrung kennt jeder, aber wir ignorieren sie, weil wir uns mit Leistung identifizieren und im Vergleich mit anderen bestehen wollen. Wir häufen an, nicht weil wir es brauchen, sondern weil wir damit unseren «Wert» steigern wollen. So werden wir rastlos getrieben. Einübung ins Sterben bedeutet auch, sich aus dieser Hast zurückzuziehen.

Was wären erste praktikable Schritte? Richten wir uns wenigstens täglich eine Zeit ein, in der wir darauf verzichten, «die Klinge zu schärfen», und unsere Aufmerksamkeit auf die Bereitschaft lenken, etwas zu empfangen, zu akzeptieren, anzunehmen, so wie es ist. Den Raum um uns und in uns, so wie er sich gerade darstellt, wirken zu lassen ohne Anstrengung und Ablenkung, ohne etwas machen zu wollen. Wir werden entdecken, dass sich Dinge von selbst erledigen können und manche Projekte sich als unnötig erweisen. Ein Projekt ist – wörtlich übersetzt – das, was man nach vorn schleudert, was man hinauskatapultiert. Das hat selbstverständlich auch seine Zeit und Bedeutung, aber das Empfangen-Können, das Akzeptieren eines Zustandes trägt zum inneren Gleichgewicht bei. Es braucht auch die andere Seite, statt *Pro*-jekt das *In*-jekt, um in Balance zu sein. Sonst sind wir Getriebene, ohne innere Ruhe, die weder im Leben noch im Sterben Frieden finden.

Und nun fügt der chinesische Spruch, verschmitzt fast, noch eine Metapher hinzu: *Der Saal, mit Gold und Jade vollgestopft, ist nicht vor Räubern zu bewahren.* Wer nichts hat, dem kann nichts gestohlen werden. Diese Bemerkung ist an die Herrschenden und Reichen gerichtet, sie bezieht sich nicht auf die Armen, die zu wenig für ein Leben in Würde haben! Aber auch hier geht es wieder nicht allein um materielle Güter, sondern auch um die innere Bereitschaft, sich zufriedenzugeben, sich mit Wenigem zu bescheiden, die Wahrnehmung von Geschmäckern, Düften, Klängen und Farben zu reduzieren, um konzentrierte Aufmerksamkeit zu erlernen und dadurch Qualität in der Erfahrung zu gewinnen! Durch die Reduktion auf das Wesentliche kann eine viel intensivere Wahrnehmung einsetzen, als es ein Saal, vollgestopft mit Gold und Jade, je ermöglichen könnte. Ich denke bei diesem Satz immer an eine Illustration im Kinderbuch, wo die prachtvolle Darstellung der Schatztruhe in der Erzählung von Ali Baba und den 40 Räubern meine kindliche Phantasie überwältigt hat. Man kann gar nicht alles sehen, was da überquillt, das einzelne schöne Schmuckstück verschwindet völlig in der überbordenden Fülle, und man schaut verwirrt und ratlos auf den vielen Tand, wie im modernen Kaufhaus. Das einzelne Schmuckstück wäre so schön, aber es geht unter. Ich bin in Dresden aufgewachsen und habe dieses Erlebnis immer, wenn ich das «Grüne Gewölbe», die schier unschätzbare Schatzkammer Augusts des Starken, aufsuche. Nur wenn jede einzelne Gemme, jedes einmalige Geschmeide, jede Perle einzeln auf einem schwarzen Hintergrund in ihrer Besonderheit erscheinen kann und der Blick nicht schon automatisch zum nächsten gezogen wird, kann man sich dem Genuss der Betrachtung ungeteilt hingeben. Man hat dann in zwei Stunden vielleicht nur zehn Stücke gesehen, aber man hat wirklich *gesehen*. Reduktion. Ist das eine Metapher für unsere Haltung zum Leben überhaupt?

Auch wenn unser Lebensradius irgendwann immer kleiner wird, so haben wir doch Erinnerungen gesammelt. Viele sind verblasst, besondere sind geblieben. Diese zu genießen, sich ihnen nach-erlebend und damit ja immer auch neu-erlebend hinzugeben, ist ein Rückzug, der gefüllt ist. Der Spruch bezieht sich auf alles, auf unser Lebenswerk, auf Glanz und Ehre, auf Versagen und Niederlage. Jeder hat seine eigene Geschichte, aber in jeder Geschichte soll sich das Eigene darstellen können.

Glanz und Ehren, mit Hochmut gepaart, ziehen sich selbst ins Verderben. Das Sprichwort sagt es: Wer hoch steigt, kann auch tief fallen. Wir erleben es in Politik, Wirtschaft und Kunst, aber auch im privaten Leben. Wer sich im Rausch des Erfolgs an sich selbst begeistert, ist hochmütig. Denn Erfolg – wo auch immer – hat viele Gründe, weshalb man sich nicht alles selbst zuschreiben darf. Hochmut (*superbia*) galt früher mit gutem Grund als eine Todsünde, das heißt als eine grundlegende Fehlhaltung im Leben. Bescheidenheit und Demut können das ausgleichen und als Entlastung empfunden werden. Demut ist aber ein schwieriges Wort, denn es geht dabei gerade nicht um Entmutigung, sondern um Mut zur Einsicht, dass alle Kraft und Energie, alles, was wir empfangen haben und was das Leben uns schenkt, auf uns zukommt und letztlich nicht unser «Verdienst» oder «Eigenes» ist. Demut ist die befreiende Erkenntnis, dass alles, was wir sind, aus dem Verbundensein und Wechselspiel mit unserer Umwelt erwachsen ist, und Hoch-Mut können wir vielleicht positiv umdeuten als den Mut, ebendies anzuerkennen und die Selbst-Bescheidung als würdevoll zu empfinden. Dann, wenn unser Körper nicht mehr alles kann, was er in jüngeren Jahren mit Bravour gemeistert hat, wenn wir also älter werden, vielleicht auch unser Gedächtnis nicht immer mitspielt und wir lange nach einem Wort oder besonders nach einem Namen suchen, wenn nicht mehr alles reibungslos läuft und wir auch angewiesen sind auf die Hilfe anderer, dann zeigt sich, ob wir gelernt haben, uns beschenken zu lassen und Hilfe anzunehmen. Wenn sich zu dieser Erkenntnis Humor gesellt, kann ein neues Lebensgefühl entstehen. Das Einverständnis, vielleicht sogar die Freude, etwas zu empfangen dadurch, dass wir abhängiger geworden sind, müssen wir erlernen, denn sonst bereitet das Kranken- oder Pflegelager schmerzhafte Erfahrungen für alle. Das liegt nicht in der Sache als solcher, sondern in unserer Einstellung dazu. Eine Haltung der gelassen-heiteren Bescheidenheit, die Einsicht des aufeinander Angewiesenseins, kann nicht früh genug eingeübt werden, damit wir im Alter damit gut zurechtkommen.

Zurückziehen nach getanem Werk, so ist das Dao des Himmels. Hier geht es um die Gestaltung einer Phase des Lebens, die nicht mehr ein Ausgreifen nach außen ist, sondern Erweiterung des Erlebens nach innen ermöglicht. In dieser unvermeidlichen Rückzugsbewegung können wir Erfahrungen machen, in denen auch die Gemeinschaft mit anderen Menschen wieder mehr an Bedeutung gewinnt, als es in unserer beruflich aktiven Phase möglich war, die nicht nur von Zeitdruck, sondern auch von Konkurrenz und vielen Lebenskämpfen geprägt wurde. Es handelt sich um Lebensphasen, deren Unterschied wir bewusst wahrnehmen, akzeptieren und gestalten können: Als Babys sind wir total abhängig von der Fürsorge der Eltern und lassen uns füttern, pflegen und säubern. Auch im Kleinkindalter überwiegt das Bedürfnis nach Nähe und Sicherheit, die Autonomiebestrebungen entwickeln sich allmählich und kulminieren in der Pubertät. In der Lebensphase des frühen und mittleren Erwachsenenalters sind wir aktiv und planen selbstbewusst unser Leben, auch gegen den Strom. Dennoch sind wir auch in dieser Zeit abhängig nicht nur von Institutionen, sondern auch von konkreten Menschen, die durch Dienstleistungen aller Art unser Leben nach außen überhaupt erst ermöglichen. Wir sind wechselseitig abhängig von allen, die

Wasserversorgung, Nahrungsmittel, Verkehr, Gesundheitssystem und so weiter organisieren, wobei wir darauf vertrauen, dass sie gewissenhaft arbeiten. In der späten Lebensphase sind wir wiederum abhängig von Menschen, die sich um uns kümmern und uns pflegen. Noch einmal: Je früher wir das erkennen und immer wieder reflektieren, desto leichter wird uns die Umstellung fallen. Durch regelmäßige Übung des Rückzugs kann dies eingeübt werden. Wir erleben dabei, dass wir in einem Netz von Beziehungen sind – gehalten oder gefangen, das hängt maßgeblich von unserer Perspektive ab, allerdings auch von den sozialen Beziehungen, die uns tragen oder eben auch nicht. Wichtig ist, dass wir diesen Prozess als Teil des Lebens mitgestalten. Was als biologischer Prozess unvermeidlich ist, kann geistig und durch soziale Akzeptanz mit Sinn erfüllt werden. Es ist dann nicht nur Verfall oder etwas Negatives, sondern es ist eine andere Phase des Lebens.

Rückzug ist vor allem auch ein innerer Prozess, ein Rückzug von eigenen Ambitionen, Absichten, Projekten, ein bewusster und entschiedener Verzicht auf die Durchsetzung eigener Interessen gegen andere, ein Rückzug auf der Basis des Geschehenlassens. In diesem Sinne ist das *Daode jing* im 19. Kapitel weitergeführt und fast noch radikaler gefasst worden, geradezu messerscharf, wenn hier Illusionen oder Trugbilder zerstört werden, denen wir uns selbstverliebt hingegeben haben und die so lange halten, wie das Leben uns nicht wirklich in der Tiefe packt. Wenn es das aber tut, und im Sterben führt kein Weg daran vorbei, dann ist es gut, wenn man diese Trugbilder bereits zuvor als Trug erkannt hat. Man kann sie mit Humor und gelegentlich einer Portion Ironie nehmen, wie sie sind, um sie dann aber auch beiseitezulassen, beziehungsweise sich von ihnen zurückzuziehen. So heißt es hier:

Schafft ab die Heiligkeit, verwerft die Klugheit.
Die Menschen werden hundertfach gewinnen.
Schafft ab die Güte, verwerft die Rechtschaffenheit.
Die Menschen werden wieder einander lieben.
Schafft ab die Geschicklichkeit, verwerft die Gewinnsucht.
Keine Diebe und Räuber wird es mehr geben.
Denn all das ist ein Schmuck und taugt doch nichts.
Darum lehrt die Leute: zum Schlichten und Echten zurückkehren,
wenig wollen, nicht viel begehren.

Das, was uns im alltäglichen Leben Orientierung bietet und als gültig erachtet wird, wischt Laozi mit einem Federstrich hinweg. Warum? Weil das Ego auch noch den kleinsten Strohhalm benutzt, um sich daran nicht nur aufzurichten, sondern stark und wichtig zu machen, sich zu positionieren, etwa gegen Konkurrenten, gegen andere Meinungen, gegen andere Lebensstile.

Schafft ab die Heiligkeit! Ich erinnere mich an einen erschütternden Moment vor einigen Jahren in Neu-Delhi, wo dem Publikum einer großen internationalen Buddhismus-Konferenz der Atem stockte. Die Würdenträger verschiedener buddhistischer Schulrichtungen waren gekommen. Zuvor hatte es monatelange Gespräche gegeben um Rangordnungen, die sich in der Höhe der Sessel ausdrücken, wie dies in Ostasien an Kaiserlichen Höfen seit Jahrhunderten üblich war. Als die bedeutendste Heiligkeit von allen, der Dalai Lama, den Kongress eröffnet, beginnt er mit aller Deutlichkeit zu mahnen, was das denn alles solle. Alle gäben vor, etwas Großes zu sein, und sollten doch endlich beginnen, das zu leben, wovon ständig wortgewaltig geredet würde: auf den Straßen und in den

Slums zu dienen und nicht, im eifersüchtigen Vergleich befangen, auf brokatenen Thronen zu sitzen. Vibrierende Stille erfüllte den Raum.

Verwerft die Klugheit! Auch die Klugheit wird missbraucht, um zu zerstören, offensichtlich war das auch bereits vor Tausenden von Jahren der Fall. Doch gibt es eine Klugheit, die genau das durchschaut und verhindern will, was hier als menschliche Fehlhaltung kritisiert wird, nämlich die Unterscheidung von Heiligkeit und Scheinheiligkeit. Wenn Klugheit sich in diesem Sinne selbst prüft, sprechen wir von Weisheit. Sie hat zu tun mit dem Rückzug, wie wir ihn hier beschreiben, Rückzug nicht aus Überdruss oder Nachlässigkeit, sondern aus Zulässigkeit, indem wir zulassen, dass wir Blüten am Baum des Lebens sind. Wenn die Blüte sich anmaßt, die Wurzel oder der Stamm zu sein, dann ist sie schon tot, bevor sie überhaupt die Anmaßung bemerkt hat.

Schafft ab die Güte, verwerft die Rechtschaffenheit! Auch die Güte hat nicht selten noch etwas unangenehm Selbstbeflissenes, wenn sie sich absichtsvoll zeigen will. Das ist die religiöse Versuchung, einen Platz im Himmel für das Ich finden zu wollen. Rückzug auch hier: Echte Güte weiß nicht, dass sie Güte ist. Sie ist spontan, so wie sie ist. Da braucht es nicht die Unterscheidung von Güte gegen Un-güte. Güte ist ein spontanes Aufblitzen von lebendiger Freude angesichts desjenigen, der vielleicht meine Güte braucht.

Und nun kommt das *Daode jing* wieder auf die Räuber zu sprechen. Wer zu viel anhäuft, wird Zielscheibe von Räubern und Erpressern, die vom glitzernden Reichtum angelockt werden wie die Wespen von der Süßigkeit. Es gibt eine alte Geschichte von dem tibetischen Meister Milarepa (1040–1123), der in einer Höhle lebte ohne jegliche Besitztümer. Und dennoch kamen Räuber, die glaubten, dass ein so berühmter Heiliger sicherlich Unmengen von Spenden erhalten und diese in seiner Höhle versteckt haben würde. Er lud die bedrohlichen Banditen ein, mit ihm einen Tee zu trinken und die Höhle zu durchsuchen. Natürlich fanden sie nichts, aber auch nicht das Geringste. Nur ein kleines Stück Stoff lag zerknüllt in der Ecke, und das gab er ihnen mit seinem Segen. Die Männer gingen erschüttert im Herzen und geläutert im Geist nach Hause.

Schafft ab die Geschicklichkeit, verwerft die Gewinnsucht! Auch die geistigen und motorischen Fähigkeiten, für die wir die Veranlagung geerbt und die wir mit Mühe und Fleiß ausgebildet haben, zählen auf dem Sterbebett nicht mehr. Eher schon die In-bilder in unserem Geist, die sich aus Vor-bildern geformt und uns geprägt haben. Solche Vorbilder, die uns in Sternstunden der Begegnung mit Menschen und Ereignissen erwachsen, sind nicht nur Erinnerungen, sondern haben die Art und Weise, wie wir denken und fühlen, wie wir leben und handeln, entscheidend mitgestaltet. Das reicht weit, bis in den Sterbeprozess hinein. Was wir gelernt haben, verdanken wir weitgehend unseren Lehrern und Vorbildern. Alles, was wir sind, ist aus vielen Einflüssen entstanden und zuallererst ein Resultat der Liebe und Aufopferungsbereitschaft unserer Eltern. Alles ist zu uns gekommen und hat sich in uns versammelt. Wenn wir in den Spiegel schauen, stehen Hunderte von Frauen, Männern und Kindern, Tieren und Pflanzen und prägenden Erlebnissen hinter uns, und die unzähligen Erfahrungen erscheinen in uns wie in einem Brennglas gebündelt. Nun kommt es uns zu, den goldenen Ball, der uns zugespielt wurde, weiterzureichen. Das ist der pulsierende Strom des Lebens, der durch uns hindurchgeht, und es folgt daraus eine Bereitschaft zum begründeten und einsichtsvollen Rückzug von festhaltenden Ambitionen, ein Loslassen ins Absichtslose, wirkliches Loslassen.

Alles Äußere ist ein Schmuck, den wir im Sterben ablegen. Viele haben schon im Krankenhaus auf Station erfahren müssen, dass dort solche «Äußerlichkeiten» nicht mehr zählen. Oder denken wir an Bühnenstars, die von einem Massenpublikum vergöttert wurden und dann manchmal in Altenheimen anonym für sich leben, vergessen von Presse und Öffentlichkeit. Auch intellektuelle und künstlerische Leistungen zählen dann wenig. Worte aus dem Psalm 39 fassen die Erfahrung in Worte; Johannes Brahms (1833–1897) hat sie in seinem «Deutschen Requiem» eindrucksvoll in Töne gesetzt:

> Ach wie gar nichts sind alle Menschen, die doch so sicher leben. Sie gehen daher wie ein Schemen, und machen ihnen (sich) viel vergebliche Unruhe; sie sammeln und wissen nicht, wer es kriegen wird.

Das Leben geht durch uns hindurch, wir empfangen es als Geschenk und können es weiterreichen, aber nicht festhalten. Es ist dauernde Wandlung und Verwandlung. Und genau dadurch werden wir klug: *Darum lehrt die Leute zum Schlichten und Echten zurückkehren, wenig wollen, nicht viel begehren.*

Eine solche Einstellung entspricht vielen spirituellen Traditionen, die ja seit Jahrhunderten nicht nur in den Klöstern, sondern auch in vielen Familien und sozialen Gemeinschaften gelebt werden. Hier gibt es einen Schatz von Erfahrungen, wie man diese Werte umsetzen kann, trotz aller Schwierigkeiten, die das in einer konsumorientierten Leistungsgesellschaft bereitet. Leistung ja, aber in dem gelassenen und von Freude erfüllten Sinne, wie es im Text des Laozi beschrieben wird, nicht im Stress des Hamsterrades. In der konkreten Meditationspraxis des Zen bedeutet dies: Das Schlichte und Echte sind zunächst einmal nichts anderes als unser Körpergefühl und unser Atem. Sobald wir anfangen, den Atem so oder so zu forcieren, zu pressen, um etwas zu «erreichen», geht es schief und die Konzentration verflüchtigt sich. Sobald wir uns aber öffnen und den Atem geschehen lassen, in den beiden Bewegungen des Kommens und Gehenlassens, sind wir eingebettet, werden wir beruhigt, und es stellt sich dieses Gefühl von weitem Raum, von Getragensein, von stiller und subtiler Freude ein. Das meint «zum Schlichten und Echten zurückkehren». Dann aber kommt noch mehr hinzu, nämlich die feine Wahrnehmung von äußeren Erscheinungen: Wie wunderbar ist die Maserung in einem Stück Holz! Wir haben in unseren Häusern überall Holz und damit genügend Gelegenheiten, dies an Fußböden, Türen, Schränken und wo immer zu betrachten. Das Schlichte und Einfache, es ist überall. Das ist der Schmuck der Welt.

Wenig wollen, nicht viel begehren. Das ist weise. Er sagt nicht: «Nichts wollen und nichts begehren.» Denn Leben lebt von Begehren, sonst wären wir gar nicht hier auf der Welt. Begehren ist mit Liebe, Schönheit und Kreativität verbunden. Wenig wollen und wenig begehren bedeutet Konzentration auf das, womit ich wirklich umgehen kann, auf das, was mir wesentlich ist. Das befreit von vielen Zwängen. Genügsamkeit lässt Kraft und Lebendigkeit wachsen, die nicht einer verneinenden Askese entspringt und die Schönheit und Anmut auch im Unscheinbaren entdeckt. Gerade wenn wir älter werden, können wir lernen, unseren Lebensalltag jenseits des Müssens und Sollens, in Freiheit zu genießen.

Aber was ist eigentlich Freiheit? Dem französischen Philosophen der frühen Aufklärung Jean-Jacques Rousseau (1712–

1778) wird ein Spruch zugeschrieben, der in unserem Zusammenhang von Bedeutung ist:

> Freiheit ist nicht, das tun zu können, was man tun will, sondern das nicht tun zu müssen, was man nicht will.

Das trifft nicht nur auf das Leben in Diktaturen und beim Militär zu. Wir alle fürchten, im Strom mitschwimmen zu müssen, um mithalten zu können in der Konkurrenzgesellschaft, so dass wir Missgunst und Misstrauen überleben. Freiheit ist: *nicht zu müssen*. Freiheit ist: *sein zu dürfen*. Freiheit ist: das Eigene *leben zu können*. Ich möchte das, was der alte chinesische Text hier sagt, nochmals verdeutlichen in moderner Sprache, indem ich die fünf Freiheiten zitiere, die die bekannte amerikanische Psychotherapeutin Virginia Satir (1916–1988) bestimmt hat:

- Die Freiheit, zu sehen und zu hören, was jetzt ist, anstatt was sein sollte, was war oder was sein wird.
- Die Freiheit, zu fühlen, was ich fühle, anstatt zu fühlen, was man fühlen sollte.
- Die Freiheit, zu sagen, was ich fühle und denke, anstatt was ich fühlen und denken sollte.
- Die Freiheit, um das zu bitten, was ich brauche, anstatt auf Erlaubnis zu warten.
- Die Freiheit, in eigener Verantwortung Risiken einzugehen, anstatt immer nur auf Nummer sicher zu gehen und nichts Neues zu wagen.

1. *Die Freiheit, zu sehen und zu hören, was jetzt ist, anstatt was sein sollte, was war oder was sein wird.* Es ist die Freiheit, ganz in der Gegenwart zu sein. Die Freiheit, nicht projektieren und

planen zu müssen. Eine Freiheit, die uns im Alter zusteht und wohl auch weitgehend möglich ist. Während des aktiven Lebens im Beruf ist es immer ein Kompromiss, und wahrscheinlich auch im Kloster. Denn auch da *muss* ich. Es geht um die Freiheit wahrzunehmen, was da ist, nicht nur außen, sondern vor allem innen in mir. Das ist die Freiheit des Alters.

2. *Die Freiheit, zu fühlen, was ich fühle, anstatt zu fühlen, was man fühlen sollte.* Selbst im intimen Bereich der Gefühle sind wir fremdgesteuert. Wir folgen zu oft Moden und dem «man soll doch …», statt mit unserem Inneren in Kontakt zu kommen. Im Durchsetzen des Egos sind wir Individualisten, aber in der Reifung zu einem gestalteten Selbst lassen wir uns von den Versprechungen der Medien und den Bildern der Werbung versklaven. Wir haben so viel Furcht, weil seelische Stärke fehlt. Diese Freiheit braucht Mut. Mut kommt aus innerer Gewissheit. Sie kommt auch im Alter nicht automatisch, sondern wurzelt in der kreativen Gestaltung unserer Persönlichkeit während des gesamten Lebens. Diese Freiheit setzt Muße voraus. Und Muße entwickelt sich nur in einem gewissen Rückzug.

3. *Die Freiheit, zu sagen, was ich fühle und denke, anstatt was ich fühlen und denken sollte.* Ich muss mich nicht den Erwartungen anderer versklaven. Auch das ist eine unendlich kostbare Freiheit, denn wir sollen ständig Erwartungen erfüllen, nicht nur im Beruf, sondern auch in der Familie, im Meditationszentrum, überall. Diese Freiheit haben wir hoffentlich im psychotherapeutischen Gespräch, und auch im Dokusan (im Zen das private Gespräch zwischen Schüler und Lehrer während der Meditationszeiten). Es ist eine Freiheit, die im Alter wachsen kann, vor allem dann, wenn sie mit zugewandter Sprache ge-

paart ist und so keine Aggressionen erzeugt. Dann entsteht das, was wir immer noch als die Weisheit des alten Menschen schätzen. Es ist die Freiheit, zu meinen Gefühlen zu stehen und nichts vortäuschen zu müssen, geformt allerdings durch selbstverantwortetes Denken. Wenn wir jung sind und uns selbst suchen, wenn wir Beziehungen aufbauen und der Familie einen Rahmen geben wollen, sind wir uns unserer Gefühle oft nicht so sicher, wollen Erwartungen erfüllen und müssen erst lernen, uns nicht selbst zu täuschen durch die Rollen, die wir spielen. Das mag nicht immer vermeidbar sein. Es ist eine Gnade des Alters, auch hier nicht mehr oder zumindest weniger zu müssen, sondern zu dürfen und Freiheit einzuüben.

4. *Die Freiheit, um das zu bitten, was ich brauche, anstatt auf Erlaubnis zu warten.* Ich darf bedürftig sein, und das ist gut so und nicht ein Mangel. Es gehört zum Menschsein und verbindet uns miteinander. Das erinnert an eine jüdische Geschichte, die ich gern zitiere. Frage: Was ist der Unterschied zwischen Himmel und Hölle?

> In der Hölle sitzen sie alle an gedeckten Tischen, auf denen köstlich duftende Speisen aufgetragen sind, aber die Arme der Hungrigen sind steif, und sie können die Speisen zwar greifen, aber nicht zum Munde führen. Sie versuchen es verzweifelt eine Ewigkeit lang.
> Auch im Himmel sind die großartigen Speisen aufgetischt, und die Leute sitzen mit steifen Armen da. Doch sie füttern einander gegenseitig.

Die Freiheit, um das bitten zu können, was ich brauche, ist Himmel. Und zwar nicht irgendwann, sondern jetzt. Auch das gehört zu den Erfahrungen des Alters, dass man am Ende des Lebens oft nicht mehr selbst für sich sorgen kann, sondern gefüttert werden muss wie ein Kind. Das ist kein Makel, sondern kann zur Erlaubnis für lebendige Gemeinschaft werden.

5. *Die Freiheit, in eigener Verantwortung Risiken einzugehen, anstatt immer nur auf Nummer sicher zu gehen und nichts Neues zu wagen.* Das ist eine tiefsinnige Freiheit, die nur eingelöst werden kann, wenn wir uns von übermäßiger Furcht befreien. Wie? Durch Vertrauen, dass trotz aller gegenteiliger Erfahrungen das Leben in seinem tiefsten Grunde geordnet und stimmig ist. In den Religionen nennt man das «Glauben». Dieser muss nicht mit religiösen Bildern verbunden sein und auch nicht durch religiöse Institutionen legitimiert werden. Es handelt sich vielmehr um ein Grundvertrauen, das Menschen in die Lage versetzt, das Wagnis des Lebens einzugehen und, wenn nötig, auch den Verzicht auf das Wagnis. Klugheit und angemessenes Abwägen, Weisheit also, sind hier gefragt. Es ist eine Ergänzung zu Laozis Rückkehr zum Schlichten und Echten. Das Schlichte und Echte ist die Kraft des Lebens, die immerzu Neues hervorzubringen vermag. Die Evolution ist darauf ausgerichtet, Neues zu erproben, und daraus folgen auch Fehlentwicklungen. Sie sind der Preis für die Kreativität des Lebendigen. Was sich bei der komplexen Entfaltung des Lebendigen als Irrtum erweist, ist nicht ergiebig. Wenn wir in unserem Leben immer nur an dem festhalten, was sich bewährt hat, was schon bekannt ist, geht dies auf Kosten unserer Lebendigkeit. Das neue Leben aber kann sich nur entwickeln, wenn alte Formen altern. Erleben wir das nur als Verlust, sterben wir innerlich ab. Dann ist das Sterben keine Verwandlung, sondern eine Vernichtung.

Verwandlung ist, anders benannt, kontinuierliches Sterben, das Neugestaltung bringt. Wer lernt, das zu akzeptieren und neue Formen mit einer gewissen Neugier und Freude wahrnimmt, auch wenn es mit Schmerz verbunden ist, wird innerlich reich. In eigener Verantwortung Risiken einzugehen, mit dem Lauf des Lebens mitzugehen, Ja zu sagen dazu, dass es Jahreszeiten des Lebens gibt, einen Frühling, einen Sommer, einen Herbst und einen Winter, nach dem wieder ein anderer Frühling kommt, mitzugehen mit dieser lebendigen Verwandlung, sich innerlich auch auf Reduktion zum Schlichten und Echten einzustellen – dort werden Menschen «wieder einander lieben», dort werden Menschen – noch einmal Laozi – «hundertfach gewinnen». Das ist Lebendigkeit, die sich immer wieder erneuert aus ihren eigenen Quellen.

Menschliche Individualität ist Blüte und nicht Wurzel ihrer selbst. Die Blüte fällt ab und treibt neu aus, in jeweils leicht veränderter Gestalt. Irgendwann bringt sie auch Frucht, allerdings bei den meisten Bäumen nur dann, wenn die Biene sie bestäubt, wenn also ein anderes Lebewesen tätig wird. In der Begegnung mit dem anderen Lebewesen wird aus dem inneren Potential eine Wirkung nach außen freigesetzt. Das ist der Lebensprozess, der auch unter den erschwerten Bedingungen der Reduktion des Aktionsradius in den letzten Lebensstadien anhält.

Rückzug geschieht, doch er kann auch bewusst gestaltet werden. Rückzug ist wesentlich, denn er ermöglicht Begegnung mit dem Schlichten und Echten, mit den Wurzeln unserer Existenz. Im Herbst unseres Lebens ist dies ein Königsweg zur Quelle. Trotz aller Schmerzen und Verlusterfahrungen, trotz der Einschränkungen gerade in der Begrenzung, das Mögliche zu entdecken und zu leben, ist Freiheit, die sich in den fünf genannten Freiheiten ausformen kann – absichtslos zum Schlichten und Echten zurückkehren.

Übungen

1. Heben Sie die linke oder rechte Hand vor Ihr Gesicht. Wenn Sie an einem Tisch sitzen, können Sie den Ellenbogen vor sich aufstellen, um das Gewicht des Armes zu vermindern. Bewegen Sie nun die Finger der Hand ganz langsam und beobachten Sie die ungeheuer große Flexibilität Ihrer Finger. Spielen Sie mit den Fingern und lassen Sie auch den Daumen ganz langsam kreisen. Beobachten Sie, wie durch die Bewegung Formen entstehen.
2. Gehen Sie nun zu den Wurzeln der Finger zurück, später auch zur Handwurzel. Ziehen Sie alle Aufmerksamkeit von den Fingerspitzen ab und lenken Sie dieselbe auf die leichte Bewegung in den Fingerwurzeln. Verweilen Sie bei der Bewegung des unteren Fingergliedes, wechseln Sie die Finger nacheinander. Ziehen Sie sich dann auch in die Wurzel des Daumens zurück, später auch in die Handwurzel. Machen Sie Dreh- und Greifbewegungen und nehmen Sie den Unterschied genau wahr.
3. Wechseln Sie nun die Hand und machen die gleiche Übungsfolge mit der anderen Hand. Sie können die Fingerbewegungen mit dem Atem koordinieren, der immer gleichmäßiger wird.
4. Legen Sie sich nun auf den Rücken und üben mit den Füßen, erst mit dem einen Fuß, dann mit dem anderen. Drehen Sie den Fuß leicht aus dem Fußgelenk, dann bewegen Sie die

Zehen einzeln. Beginnen Sie mit dem großen Zeh, dann der Reihe nach die anderen bis zum kleinen Zeh. Spüren Sie die Zehen einzeln.

5. Lassen Sie nun die Füße ruhig liegen und schließen Sie die Augen. Lenken Sie die Aufmerksamkeit erst auf den großen Zeh und spüren ihn. Dann auf den nächsten und den dritten und den vierten, bis Sie schließlich den kleinen Zeh wahrnehmen. Wahrscheinlich werden Sie zuerst Schwierigkeiten haben, die mittleren Zehen einzeln zu spüren. Richten Sie die ganze Aufmerksamkeit auf den Zeh. Wenn Sie gar nichts spüren, setzen Sie sich kurz auf und reiben den betreffenden Zeh etwas mit den Fingern. Legen Sie sich dann wieder hin und richten alle Aufmerksamkeit zurück auf das Empfinden in diesem Zeh. Üben Sie so lange, bis Sie die Zehen, die völlig passiv bleiben, einzeln spüren können.

Wenn diese Übung zu kompliziert ist und Sie nicht so lange ruhig bleiben können, praktizieren Sie diese viel einfachere:

1. Legen Sie sich flach auf den Rücken, atmen Sie so tief und kräftig wie möglich.
2. Spannen Sie in der Einatmung gleichzeitig Hände und Füße an, soweit es geht, und lösen Sie sich dann in der Ausatmung. Wiederholen Sie, so oft Sie mögen und können.
3. Versuchen Sie, nur den linken Fuß und die linke Hand anzuspannen, dann im Wechsel die rechte Seite.
4. Versuchen Sie nun, Hände und Füße kreuzweise anzuspannen, also zuerst den linken Fuß und gleichzeitig die rechte Hand, danach den rechten Fuß und die linke Hand. Wenn das zu schwierig ist, kehren Sie zu (2) zurück.

4. *Scheitern und Klage*

Scheitern gehört in unserer Gesellschaft nicht zu den Themen des öffentlichen Gesprächs, vor allem wenn man selbst betroffen ist. Der Mensch soll sich optimieren, die moderne Industriegesellschaft grenzt den Versager aus. Das gilt nicht nur für die Bildungssysteme, das berufliche Leben und die Familie, sondern auch für körperliches Befinden, Sterben und Tod. Wer kränkelt, soll sich gefälligst zusammenreißen und Fitness machen, wer stirbt, wird der Öffentlichkeit entzogen. Der Tod wird durch Hightech-Medizin hinausgezögert und gilt, wenn er tatsächlich eintritt, beinahe als ärztliches Versagen; denn der Kampf, den man tapfer geführt habe, sei verloren. Eine Gegenbewegung gegen diese gnadenlose Sicht auf die Verletzlichkeit und Endlichkeit des menschlichen Lebens ist zwar spürbar, aber sie ist noch marginal. Zumindest die Palliativmedizin befindet sich im Aufwind, aber auch hier tut man sich mit Scheitern schwer – der Mensch soll «gut» sterben. Was, wenn das nicht gelingt? Auch hier besteht die Gefahr von offenen oder verdeckten Schuldzuweisungen an den Sterbenden oder die Sterbebegleiter im Umfeld: Hat man vielleicht doch etwas nicht richtig gemacht?

Was ist *Scheitern*? Darf ein Mensch scheitern? Lässt sich die Erfahrung des Scheiterns aber überhaupt von außen verstehen? Denn wer vermag zu sagen, ob ein Mensch in einer bestimmten Situation oder gar im ganzen Leben gescheitert ist? Wo wäre der Maßstab, der nicht doch irgendwie angemaßt erscheint? Hält nicht das Leben immer noch neue Möglichkeiten bereit, die auch aus dem tiefsten Dunkel herausführen können? Als Extremfall des Scheiterns kann der Suizid betrachtet werden. Allerdings haben kulturanthropologische Studien gezeigt, dass ein solches Scheitern abhängig ist von sozialen Kontexten, namentlich von den Werten, die einem Menschen Halt geben oder auch nicht. Eine berühmte Studie des Soziologen Émile Durkheim aus dem Jahr 1897 besagt, dass der Suizid bei Protestanten am häufigsten, bei Katholiken weniger oft, bei Juden fast gar nicht vorkomme. Hängt dies mit dem Eingebundensein in Familie und Rituale zusammen beziehungsweise umgekehrt mit der individualisiert begründeten Eigenverantwortlichkeit, die ganz besonders den protestantischen Lebensmodellen eingeschrieben sei? Und gibt es hier einen Unterschied in ländlichen oder urbanen Lebensverhältnissen, oder wie sähe das in Afrika beziehungsweise Asien aus? Kann man über das Scheitern, gerade auch wenn es um Sterben und Tod geht, überhaupt von all diesen lebensweltlichen Faktoren absehen?

Scheitern ist eine Selbstbewertung beziehungsweise ein Gefühl, das ein Mensch im Verhältnis zu sich selbst entwickelt, also eine psychologische Kategorie und kein Werturteil. Und man muss unterscheiden: Wer sich ein Ziel gesetzt hat und dieses nicht erreicht, ist an *dieser* Aufgabe gescheitert. Dieses Urteil setzt die Möglichkeit einer definierten Zielvorgabe voraus. Das Leben als Ganzes und auch Sterben und Tod können nicht durch eine derartige Zielvorgabe bestimmt werden. Leben entwickelt sich ins Offene, und Sterben und Tod gehören zum Leben, weshalb sie auch den Charakter der Offenheit tragen. Vom Scheitern des Lebens kann also keine Rede sein, selbst wenn die Bilanz nach menschlichem Ermessen grauenvoll ist. Man kann nur an einzelnen Aufgaben scheitern. Das heißt nicht, dass sich Menschen nicht als gescheitert empfinden könnten. Gibt es Mittel der Hilfe? In manchen Situationen ja, in anderen kann man sich vor einem Schicksal, das als Scheitern wahrgenommen wird, nur ratlos verneigen.

Bei aller Bemühung um das «gute Leben und gute Sterben», bei allen Überlegungen, wie ein Leben gelingen kann und wie ein «Sterben in Frieden» vorbereitet sein will, bei allen Empfehlungen, um die auch dieses Buch kreist, müssen wir nüchtern anerkennen – es gibt die Erfahrung des Scheiterns, und diese ist keineswegs ganz selten. Vor allem aber ist einzugestehen, dass wir Leben und Sterben letztlich nicht in der Hand haben. Wir können uns vorbereiten, Geist und Körper mental auf das Sterben einstimmen und vieles beherzigen, was die Erfahrenen im Umgang mit dem Sterben raten – und trotzdem ist Scheitern möglich, so dass es hilflose Angst oder bittere Verzweiflung am Sterbebett gibt und nur das Eingeständnis der eigenen Hilflosigkeit bleibt. Angesichts der Verbitterung, mit der manche Menschen sterben, bleibt nur die Bilanz, dass in einer solchen Situation keiner weiterweiß, und auch Trostworte der Religionen können da schal klingen. Vielleicht sind das akzeptierende Verstummen, eine tiefe Trauer und Klage wichtige Schritte bei der psychischen Bewältigung von Sterben, Abschied und Neuorientierung. In vielen Traditionen ist die hemmungslose Klage ein Aspekt im Trauerprozess, so etwa im Judentum, wo in der ersten Trauerphase nach dem Tod eines Angehörigen, genannt *Aninut*, die bis zur Beerdigung dauert, rituell keinerlei Trost gespendet wird. Die Trauernden sollen den Verlust und das Chaos ungehindert durchleben können. Die nächsten Angehörigen sind von allen religiösen Handlungen entpflichtet, und das rituelle Zerreißen der Kleider soll vor allem den seelischen Prozess ausdrücken. Erst in den späteren Phasen des Trauerns findet eine Reorganisation des psychischen und sozialen Haushalts statt, und durch die Verzweiflung hindurch wird Trauernden allmählich eine Rückkehr in den Alltag möglich.

Die Erfahrung des Scheiterns hat mehrere Facetten. Deren Analyse dient nicht nur dem Verstehen, sondern kann eine Haltung fördern, die der Würde eines in Verzweiflung geratenen Menschen angemessen wäre und die, durch Dunkelheit und Verzweiflung hindurch, eine neue Perspektive nicht für ausgeschlossen hält. Scheitern ist das Scheitern von Erwartungen, die ein Mensch an sich selbst und an das Leben überhaupt hat. Scheitern ist Eingeständnis, etwas nicht erreicht zu haben, und das wird gemessen an eigenen Zielstellungen und an den Maßstäben, die eine Gesellschaft, Kultur oder Religion setzt. Beides lässt sich jedoch hinterfragen; wenn das gelingt, erobert sich der Mensch, der sich als gescheitert empfindet, eine gewisse Handlungsfreiheit zurück, und das kann zumindest eine Relativierung der Selbstanklage auslösen. Es kann zum Anfang für ein zaghaftes Aufatmen werden. Das Durchschauen von gescheiterten Erwartungen öffnet einen inneren Raum, der nicht völlig dunkel ist, sondern die Aktivierung zu einer eigenen Kraftentfaltung ermöglicht, zu Selbst-Distanzierung oder gar zum Protest. Das ist die wichtige Funktion der *Klage*, die zuzulassen ein erster Schritt aus dem Dunkel sein kann.

Wir können das Scheitern unter folgenden vier Gesichtspunkten betrachten: Versagen, Verlust, Einsamkeit und Schmerz.

Alle vier sind in psychosomatischen und psychosozialen Zusammenhängen zu erörtern.

Versagen ist die Beurteilung, selbstgesetzten oder von der Gesellschaft erwarteten Leistungen nicht zu entsprechen. Angesichts des Zwanges zur Selbstoptimierung, der die heutige psychosoziale Stimmung in der Gesellschaft prägt, hat der Druck auf den Einzelnen enorm zugenommen: Du bist, was du leistest. Wer erkrankt, hat falsch gelebt, heißt es dann. Zumindest ist das ein unausgesprochener Vorwurf. Dies ist die säkularisierte Version der im religiösen Kontext seit der Hiobs-Geschichte erhobenen Anklage, dass der Leidende gesündigt haben müsse, denn sein unfassbares Leiden könne nur die Strafe Gottes sein. Für den betreffenden Menschen bedeutet dies zusätzliche Belastung, da die Verantwortung oder Schuld ihm selbst zugeschrieben wird. Ein solches Urteil von außen ist eine Anmaßung sondergleichen, denn wer vermag solche Zusammenhänge zu überschauen? Wenn der Betreffende hingegen erkennt, dass Ansprüche, die er an sich selbst stellt, durch frühkindliche und spätere Erziehung, durch Werbeslogans der Bildungs-, Gesundheits- und Industriewirtschaft, durch Kulturstandards und Ausbeutungsdruck erzeugt werden, kann heilsame Selbstdistanz möglich werden. Die Anforderungen von außen sind ohnehin abhängig vom sozialen System, in dem man sich befindet. Ein Blick in andere Kulturen kann diese Ansprüche relativieren und dadurch den psychosozialen Druck verringern. Anforderungen an den Menschen, Standards für das, was als «gelungen» gilt oder nicht, sind in diesem Sinne sozial und kulturell relativ.

Verlust ist das Zerbrechen von Sicherheiten, an die man sich gebunden hatte. Dies sind vor allem Bindungen an Menschen, die ein emotionales und soziales Netz gewährleisten, dann aber auch der Besitz von Gütern sowie Selbst- oder Fremdzuschreibungen von Bedeutung durch Funktionen, die man in der Gesellschaft innehatte: Man ist, was man im sozialen Ranking darstellt. Verlust von Menschen durch Trennung und/oder Tod ist vorwiegend emotional und löst Trauer aus, Verlust von sozialer Bedeutung löst eher Wut und Verzweiflung aus. *Trauer* kann beispielsweise durch Internalisierung des Bildes vom Menschen, den man verloren hat, durch Dankbarkeit, durch Erinnerung an gute gemeinsame Zeiten kompensiert werden. Das braucht Zeit und Geduld, vor allem aber menschliche Zuwendung bei der Verarbeitung von Trauer; denn Trauer kann geteilt werden. In Gemeinschaft kann der Verlust nacherlebt, bewusst gemacht und so erträglicher werden. Wichtig sind Rituale, denn auch durch sie wird der trauernde Mensch in eine größere Gemeinschaft eingebunden; Rituale helfen, die Einsamkeit zu überwinden.

Wut und Verzweiflung angesichts des Verlustes an Bedeutung können durch Einsicht ausgeglichen werden. Durch Relativierung wird man offen für neue Möglichkeiten, Bedeutung zu gewinnen, gerade auch solche, die nicht von gesellschaftlich anerkannter Leistung abhängen, etwa die Erkenntnis und das Gefühl, in einem Netz von Leben verbunden zu sein.

Einsamkeit ist das Gefühl, vom Strom des Lebens abgeschnitten zu sein. Wir werden uns im nächsten Kapitel ausführlicher damit auseinandersetzen. Einsamkeit kann auf endogene oder durch Schicksalsschläge verursachte Depression zurückzuführen sein. Hier ist medizinische und psychotherapeutische Behandlung geboten. Einsamkeit kann aber auch einer Sehnsucht nach Gemeinschaft entspringen, die nicht erfüllt wurde. Das ist ein zutiefst spirituelles Problem. Die Sehnsucht des Menschen, in einen größeren Zusammenhang eingebunden zu sein, ist eines der stärksten Bedürfnisse jedes Menschen. Letztlich ist es die Sehnsucht nach einer Teilhabe am Ganzen, religiös gesprochen die Sehnsucht nach Gott. Einsamkeit kann durch Enttäuschungen und Misserfolge, aber auch durch psychische und physische Krankheit verursacht werden, wenn sich die anderen aus Hilflosigkeit oder auch aus Angst abwenden. Was hier Ursache und Wirkung ist, lässt sich schwer ermitteln, denn der Rückzug in die Einsamkeit und das Abwenden der anderen sind ein Teufelskreis, dessen Dynamik sich verstärkt, je länger die Negativschleifen wiederholt werden. Es gibt aber auch eine erfüllte selbstgewählte Einsamkeit, auf diese haben wir bei der Betrachtung über den «Rückzug» aufmerksam gemacht.

Schmerz kann körperlich oder psychisch sein, und es ist nicht auszumachen, welcher als gravierender erlebt wird. Körperlicher Schmerz kann einem buchstäblich den Verstand rauben. Die Palliativmedizin verfügt über Möglichkeiten, den Schmerz so zu dämpfen, dass er erträglich ist. Dennoch ist es auch möglich, dass im Verlauf des Sterbens Medikamente nicht gut anschlagen und der Schmerz trotz aller ärztlichen Bemühung heftig bleibt. Ein letztes Mittel ist die Schmerzbehandlung mit Morphinen, die den Menschen dann allerdings in Bewusstseinszustände versetzen, in denen eine Kommunikation nach außen kaum noch gelingt und mögliche Erfahrungen im Sterbeprozess wahrscheinlich eher verhindert werden.

Der psychische Schmerz kann tief eingebrannt sein. Er ist vor allem dann unerträglich, wenn er mit Schuldgefühlen verbunden ist, die sich auf verantwortungsloses Verhalten gegenüber anderen, auf unterlassene Hilfeleistung oder auf verpasste Gelegenheiten zur Versöhnung beziehen. Hier nagt oft eine Verzweiflung in der Tiefe des Herzens, die sich in festgefahrener Verbitterung manifestieren kann. Besonders bei älteren Menschen kann das als Sturheit erscheinen, auf die sich Sterbebegleiter einstellen müssen, indem sie vor allem begreifen, dass sie dies nicht auf ihre Person beziehen dürfen. Die Verbitterung kann sich in aggressivem Verhalten oder in stummer Verweigerung äußern. In derartigen Situationen ist es besonders wichtig, dass sich Sterbebegleiter, Angehörige, Ärzte und Pflegekräfte jeder noch so angedeuteten Schuldzuweisung enthalten. Das verlangt viel Verständnis und Selbstdisziplin, die eingeübt werden muss. Menschen sind darauf programmiert, Ursachen zu suchen und zu benennen, auch Ursachen für das Scheitern, die dann im Fehlverhalten des Betreffenden ausgemacht werden. Die Ursachen für ein solches Verhalten sind oft undurchdringlich und nicht überschaubar. Gerade im Angesicht des Todes ist es oberstes Gebot, sich jedes Urteils zu enthalten.

Was also sind angemessene Verhaltensweisen in einer solchen Situation? Auch hier gelten die folgenden Überlegungen nicht nur für denjenigen, der Menschen begleitet, die sich selbst als gescheitert empfinden, sondern auch für die Betroffenen selbst. Die wichtigste Voraussetzung für eine gelingende Kommunikation ist, beide Seiten als ein System zu begreifen, einen Prozess, in dem beide miteinander sind und der auch beide verwandelt. Sterbender und Begleitperson, wer immer dies ist, sollen einander «auf Augenhöhe» begegnen. Im Judentum wird dies ganz wörtlich genommen – der Sterbebegleiter sitzt so, dass sich die Köpfe des liegenden Sterbenden und dessen, der neben dem Bett sitzt, auf gleicher Höhe befinden. Sollte der sterbende oder leidende Mensch zu sprechen wünschen, ist stilles Zuhören wichtig, Interventionen sollen auf ein Mindestmaß beschränkt sein; Wertungen verbieten sich ohnehin. Erlebt ein Sterbender «negative Phasen», kann das für

Angehörige und Pflegekräfte zu einer Herausforderung werden, die sie an ihre Grenzen bringt. Hier ist es dann dringend nötig, dass alle Beteiligten wiederum bei Außenstehenden Hilfe finden und ihre Emotionen ausdrücken können – auch die Angehörigen und Sterbebegleiter brauchen Begleitung! Angesichts der Härte solcher Situationen können aber drei Überlegungen helfen, diesen Prozessen nicht völlig hilflos ausgesetzt zu sein:

Erstens muss erkannt werden, dass ein Gefühl des Scheiterns den Zusammenbruch aller Vorstellungen, Strukturen und Werte bedeuten kann. Darin zeigt sich eine Diskrepanz von *Erwartung* und *Realität*, also der Sachverhalt, dass die Erwartungen völlig unrealistisch und überzogen waren. Kann dies bewusst gemacht werden, ist zwar der Verlauf der Geschichte nicht mehr zu korrigieren, aber die Situation lässt sich nun anders bewerten.

Zweitens ist die *Kommunikation in Empathie* ein wichtiger Aspekt. Treten Probleme auf, sollten sich die begleitenden Personen fragen, was ihr eigener Anteil daran ist. Das lässt Verständnis, Nachdenklichkeit und Einfühlungsbereitschaft wachsen. Einfühlung (Empathie) bedeutet, auch das Klagen mitzutragen; denn indem die Klage gehört wird, kann sie sich deutlicher artikulieren. Die Klage ist ein wichtiges Medium, dem Gefühl des Scheiterns Ausdruck zu geben. Klage hat reinigende Kraft, darum sollte sie nicht nur zugelassen, sondern aktiv unterstützt werden.

Drittens kommt es in der *Gemeinschaft mit Klagenden* zu einer Aktivierung von Emotionen, die dem Gefühl, gescheitert zu sein, entgegenwirken. Klage kann zur Ermächtigung des Willens beitragen und damit das Selbstvertrauen stärken. Dies ist die Voraussetzung für neuen Mut und eine neue Perspektive auf die Deutung der Lebensgeschichte. Das trifft auch auf Menschen zu, die nach einer medizinischen Diagnose und Prognose lernen müssen, das bevorstehende Sterben zu akzeptieren. Der Prozess der Auseinandersetzung entwickelt sich aber durchaus nicht immer gradlinig nach den vier Phasen des Nicht-wahrhaben-Wollens, des aktiven Widerstandes, der Klage und schließlich der Akzeptanz. Klagen setzt kreative Kräfte frei. Die griechische Mythologie belehrt uns, dass die Klage der Ursprung der Musik sei. Die Willenskraft und das Aufbäumen in der Klage haben therapeutische Wirkung. Wird die Klage nicht ausreichend zugelassen, kann die Akzeptanz zu einem passiven Hinnehmen anstelle eines aktiven Einverständnisses werden. Wer Sterbende begleitet, sollte deshalb, soweit es geht, nach Möglichkeiten suchen, die dem schwer Kranken und Sterbenden Ausdrucksformen der Klage anbieten, und seien diese auch noch so eingeschränkt.

Für die Einübung ins Sterben und die Sterbebegleitung bei Menschen, bei denen das Gefühl des Scheiterns alle anderen Empfindungen überlagert, sind fünf Aspekte besonders wichtig, deren Wirksamkeit vielfach beschrieben worden ist. Sie sollten allerdings grundsätzlich in jeder Situation des Lebens und Sterbens bedacht werden.

Erstens muss unbedingt daran gedacht werden, eine angemessene Raumdistanz zum Sterbenden zu finden, das heißt, man sollte weder zu nah noch zu weit entfernt Platz nehmen. Ein zu großer Abstand signalisiert emotionale Distanz, zu große Nähe hingegen kann als bedrückend empfunden werden. Man muss ein Gespür für den richtigen Abstand entwickeln und, wo möglich, dem Wunsch des Sterbenden entsprechen, da dem Sterbeprozess die Entwicklung einer ganz besonders feinen Sensibilität zu eigen ist.

Zweitens ist es wichtig, sich selbst völlig zurückzunehmen und bewertende Äußerungen zu unterlassen, seien sie verbal oder nonverbal. Das Problem des Scheiterns ist ein Mysterium, das in der Begegnung mit Menschen, die ihr Leben noch verändern könnten, durchaus auch ein Bewusstmachen von Alternativen erlaubt, in der Begegnung mit Sterbenden aber keinerlei Wertungen zulässt. Wie eben angedeutet, können Sterbende möglicherweise aktivierende Elemente, wie etwa einen veränderten Blick auf die Dinge, selbst entdecken, weil angesichts des Sterbens die üblichen sozial gesteuerten Bewertungsmuster als irrelevant erscheinen (können). Der Durchbruch zu einer solchen befreienden Sicht kann aber nicht forciert werden, der sterbende Mensch geht seinen eigenen Weg gemäß der ihm eigenen Dynamik, und dies gilt es durch schweigendes Zuhören und empathisches Dabeisein zu begleiten.

Drittens ist es am Kranken- und Sterbebett von großer Bedeutung, auf die eigene Körperhaltung zu achten. Selbst wenn ein sterbender Mensch dies visuell nicht wahrnehmen kann, schafft die Körperhaltung des Begleitenden ein Fluidum, das im Raum subtil spürbar ist. Eine aufrechte und dabei doch entspannt-flexible Haltung signalisiert Präsenz, es ist eine Haltung der aufmerksamen Empfangsbereitschaft. Eine begleitende Person, die ganz ohne Anspannung, offen und empfänglich im eigenen ruhigen Atemrhythmus verweilt, wirkt beruhigend, und dies wiederum wird vom sensibilisierten Sensorium des Sterbenden mit ziemlicher Sicherheit wahrgenommen werden. Ein Sterbender spürt das subtile Angenommensein, und darauf kommt es an. Die Bedeutung der Körperhaltung in diesem Sinne kann gar nicht überschätzt werden. Entspannte Ruhe und zugewandte Wachheit zugleich sind ein starkes Signal.

Viertens ist es möglich und hilfreich, den Blickkontakt ohne Unterbrechungen oder nervöses Abgleiten zu halten. Ein unverwandter, liebevoller und entspannter Blick in die Augen stabilisiert die schweigende Kommunion und überwindet Sprachlosigkeit angesichts des Leidens. Meist aus Unsicherheit tendieren wir dazu, einen solchen Blick abzubrechen. Im und mit dem Blick lässt sich jedoch eine heilende liebevolle Atmosphäre schaffen, eine fließende Empathie.

Fünftens und letztens: All das läuft hinaus auf ein Spüren von Resonanz, eine Resonanz, die sich in der erwähnten Flexibilität der Körperhaltung ebenso manifestieren kann wie in der Synchronisierung des Atmens und des Blickkontaktes. Dort, wo zarte Berührungen mit den Fingerspitzen oder der Hand möglich sind und vom Sterbenden als Wunsch signalisiert werden, tragen auch diese dazu bei, die Resonanz zu verstärken. Resonanz überwindet das Gefühl der Einsamkeit und macht Verbundenheit nicht nur bewusst, sondern sinnlich erfahrbar. Dies gilt für Beziehungen überhaupt und während des gesamten Lebens. Resonanz ist ein wirksames Mittel, Einsamkeit, Sinnentleerung und dem Gefühl des Scheiterns entgegenzutreten. Im Sterben gilt nichts anderes, aber hier ist meist die Sensibilität beziehungsweise Feinfühligkeit noch erhöht, gerade wenn ein Sterbender seine Empfindungen nicht mehr durch Motorik und Sprache auszudrücken vermag.

Das Erleben von Verbundenheit ist überaus wichtig im Umgang mit Gefühlen oder Erfahrungen des Scheiterns und besonders in der Situation des Sterbens. Es ist ein transformativer Prozess, der alle Beteiligten betrifft, eine Kommunion jenseits von Sprache, in kreatürlicher Einfachheit und Solidarität.

Übungen

Die folgenden Übungen sind psychodynamische Übungen, die in jeder Lebenssituation hilfreich sind, besonders angesichts von Depressionen, aber auch bei Gefühlen des Scheiterns. Die ganz natürlichen Reaktionen auf solche Erfahrungen, die sich angesichts der Erkenntnis verdichten, dass Sterben und Tod bald eintreten können, sind *Angst, Wut und Trauer*. Es wirkt befreiend, solche Zustände zuzulassen und sie in Begleitung eines erfahrenen Sterbebegleiters, Arztes oder Therapeuten auszuleben. Allerdings werden diese Übungen nur möglich sein bei einem relativ stabilen gesundheitlichen Zustand:

1. Drücken Sie Ihre *Angst* körperlich aus. Stehen Sie auf und schütteln Sie den ganzen Körper. Gehen Sie dabei leicht in die Knie. Das Schütteln kann in ein Zittern übergehen. Oder umgekehrt kann ein spontanes Zittern, wenn es zugelassen und ausagiert wird, in ein Schütteln übergehen. Verausgaben Sie sich und schütteln Sie so lange, bis die Anstrengung zu groß wird. Bleiben Sie ruhig stehen und spüren Sie den Energiestrom, der Ihnen ein Gefühl von Stärke vermittelt.
2. Drücken Sie Ihre *Wut* körperlich aus. Recken Sie die Arme kraftvoll und gestreckt über den Kopf und lassen Sie in einer schlagartigen Bewegung die Fäuste nach unten sausen und zwischen den Beinen auspendeln. Rufen Sie dabei wild und ungebremst: «Hooo!» Wiederholen Sie diese Bewegung, die dem Holzhacken ähnelt. Mit dem lauten Ruf «machen Sie sich Luft». Wenn Sie erschöpft sind, legen Sie sich auf den Boden in Rückenlage. Ballen Sie in der noch schnellen Ein-

atmung erneut die Fäuste und die Zehen, in der Ausatmung lösen Sie alle Muskeln, es ist wie ein Pumpen. Folgen Sie mit der Aufmerksamkeit dem Atem, der sich allmählich beruhigt.

3. Drücken Sie Ihre *Trauer* körperlich aus. Setzen Sie sich auf den Beinen hin, den Rücken krumm, die Stirn in die Hände gestützt. Unter heftigem Kopfschütteln und Klagen rufen Sie «Neiiiiiin», bis aus der Klage Tränen kommen. Wiederholen Sie dies, bis Ihre Tränen die Trauer weggespült haben.

5. *Einsamkeit*

Jeder, der das Sterben von einem nahestehenden Menschen miterlebt hat, kennt Phasen einer lähmenden Einsamkeit. Es ist hilfreich, das Gefühl von Einsamkeit mitzuteilen, darüber nachzudenken und sich mit anderen, die ähnliche Erfahrungen hatten oder haben, auszutauschen, und zwar in zweierlei Hinsicht.

Die eine betrifft unser Erleben am Sterbebett, die andere die bange Erwartung, was geschieht, wenn wir selbst sterben, und das ist ja nur eine Frage der Zeit. Wie können wir mit solchen Erfahrungen von Einsamkeit umgehen, die mit dem Sterben verbunden sind? Was wissen wir darüber, und wie kann spirituelle Praxis helfen, uns darauf vorzubereiten?

Ich möchte *drei* Gesichtspunkte nennen, die mir Voraussetzungen zu sein scheinen, um auf die Fragen in beiden Perspektiven Antworten geben zu können. Diese Antworten sollen Hinweise geben auf einige Vermutungen, Erfahrungen und ganz praktische Übungen.

Der *erste* Gesichtspunkt ist, dass wir wissen, wie stark körperliche und geistige Prozesse einander wechselseitig beeinflussen. Dass der Körper unseren Geist beeinflusst, ist evident: Wir brauchen nur eine Tablette zu nehmen und die quälenden

Kopfschmerzen und Konzentrationsstörungen vergehen. Auch eine toxische Reaktion im Körper kann unseren Geist unruhig werden lassen bis hin zu Schlaflosigkeit und Panik. Wenn die Chemie des Körpers nicht stimmt, dann ist die «Chemie» im übertragenen Sinne ebenfalls gestört, das heißt, unsere Gefühls- und Geisteswelt ist durcheinandergewirbelt. Nicht nur Meditierende wissen aber auch, dass umgekehrt eine geistige Haltung der Aufmerksamkeitslenkung auf positive Gefühlszustände, also die Umlenkung von negativen Emotionen, ebenso körperliche Empfindungen beeinflusst – der Körper wird leicht, es fühlt sich heiter an, Schmerzen können gelindert werden oder sogar plötzlich ganz verschwinden. Wir wissen heute unter dem Begriff der Psychosomatik (und auch aus der Placebo-Forschung) sehr viel mehr über diese Wechselseitigkeit als frühere Generationen. Wir wissen, dass epigenetische Prozesse und sogar genetische Zustände und Verknüpfungen durch Konzentration und Aufmerksamkeitslenkung verändert werden können. Das Immunsystem, das Verdauungssystem ohnehin, das Herz-Kreislauf-System und organspezifische Veränderungen können durch geistige Aktivität angeregt und induziert werden.

Diese Wechselseitigkeit ist faszinierend, auch wenn wir sie im Detail noch nicht verstehen, vor allem auch deshalb, weil wir nicht wirklich wissen, was wir meinen, wenn von körperlichen und geistigen Prozessen die Rede ist. Körper und Bewusstsein, Geist und Materie – ein wahrhaft weites Feld, dessen philosophische und besonders epistemische Implikationen wir allerdings hier nicht weiterverfolgen können.[10] Hier geht es um Praxis.

Die Wechselseitigkeit der Beeinflussung bedeutet, dass die Art und Weise, wie wir denken und wie wir fühlen, unser gesamtes Dasein beeinflusst, mit Sicherheit auch die Prozesse, die wir im körperlichen Prozess des Sterbens durchlaufen. Deshalb ist es hilfreich, wenn wir uns darauf vorbereiten und schon jetzt üben, wo wir über Zeit und Kraft dazu verfügen. Doch auch wenn wir an einem Sterbebett sitzen und einen Menschen begleiten, hat, wie wir gesehen haben, die Art und Weise, wie wir dort sitzen, einen Einfluss auf dessen Befinden. Wir tragen also auch in diesem Sinne Verantwortung.

Der *zweite* Gesichtspunkt betrifft eine sehr wichtige Unterscheidung. Ich möchte sie stumme Einsamkeit und erfülltes Schweigen nennen; dies sind zwei völlig verschiedene Dinge. Stumme und qualvolle Einsamkeit verspüren wir dann an einem Sterbebett, wenn sich jemand nicht mehr mitteilen und nicht mehr kommunizieren kann, vielleicht Laute von sich gibt, die uns unverständlich sind und Unsicherheit auslösen. Solche Einsamkeit ist ein Abgeschnittensein, ein Ausgeliefertsein und natürlich auch seitens des Sterbebegleiters mit Angst verbunden. Eine solche stumme Einsamkeit ist eine nicht gewollte Einsamkeit, ein Gefangensein. Einsamkeit bedeutet hier die Unmöglichkeit, eine Kommunikationsschranke zu durchbrechen. Wie kann ich damit umgehen? Was, wenn es mich selbst betrifft?

Ganz anders als sprachlose Einsamkeit ist ein erfülltes Schweigen. Es ist aktiv, wohltuend, voll gelassener und nicht selten heiterer Kraft, und es ist etwas, das man lernen kann: Ruhe, Beisichsein, Einsamkeit, in der es eins in mir und mit mir wird. Ich kann diese Stille oder Einsamkeit suchen, ich kann sie nicht erzwingen, ich kann sie nicht machen, aber ich kann mich ihr öffnen. Es ist eine Aktivität, die darin besteht, aufnahmefähig zu werden, eine Einsamkeit, die produktiv ist und in der etwas erlebt wird, gerade weil der, der es erfährt, einsam ist. Und genau dies ist ein möglicher Weg, die Einsamkeit des Abgeschnittenseins zu überwinden.

Wir können uns auf dem Meditationskissen darin üben, insbesondere aber auch im Erleben der Natur, beim Wandern und beim stillen Genuss der würzigen Luft und des beschwingten Gesangs der Vögel, in der Hoffnung, dass wir eine so eingeübte Haltung auch am oder im Sterbebett in uns wachrufen können. Das ist bei jedem Menschen verschieden, Patentrezepte gibt es nicht. Wer aber seinen Weg in diese entspannende Einsamkeitsruhe gefunden hat und immer wieder praktiziert, bereitet sich darauf vor, auch unter schwierigsten Umständen diesen Weg erneut zu finden. Eine Garantie dafür, das ist die Erfahrung, gibt es nicht. Allerdings muss man die Chance dazu auch ergreifen können, und das ist nur möglich, wenn man sie überhaupt wahrnimmt und nicht verpasst. Meditationsschulung ist genau diese Wahrnehmungsschulung.

Der *dritte* Gesichtspunkt ist die Akzeptanz, das Sterben letztlich positiv als Teil des Lebens annehmen zu können, Sterben also nicht als Widerspruch zum Leben zu sehen, denn seit unserer Geburt stirbt ständig etwas in uns, damit sich Neues entwickeln kann. So wachsen wir, so entwickeln wir uns. Aber das Sterben am Ende des Lebens ist mehr, ein Durchgang, eine Verwandlung; keiner von uns weiß wirklich, was da passiert. Wir haben Indizien, vielleicht Vermutungen oder sogar Erfahrungen, aber Gewissheit gibt es nicht. Wir wissen nur, dass sich Leben von einer Metamorphose in die andere transformiert. Das ist ja das Grandiose, das wir im Leben so bewundern, und deshalb gehört die Akzeptanz des Sterbeprozesses dazu. Solange wir den Tod als Gegner, als Feind und, vor allem wenn wir Ärzte sind, als Versagen der ärztlichen Kunst begreifen, stehen wir am Ende immer auf der Seite der Verlierer. Solange wir in Metaphern des «Kämpfens gegen das Sterben» leben, haben wir noch nichts begriffen von der Einheit des Lebens. An diesem Punkt umzulernen ist die Voraussetzung dafür, dass wir in Frieden sterben können, dass das, was wir an Einsamkeit erleben, in eine tiefe geistige Erfahrung verwandelt werden kann. Es ist aber gleichzeitig auch die Voraussetzung dafür, dass wir in Frieden leben können.

Akzeptanz des Sterbens setzt auch voraus, dass ich mich selbst akzeptiere, anders ausgedrückt, dass ich gut zu mir bin. Wir klagen oft, dass Menschen nicht gut zu anderen sind, aber es ist genauso zu beklagen, wenn Menschen nicht gut zu sich selbst sind, und beides hängt eng miteinander zusammen. Denn wer nicht gut zu sich selbst sein kann, wer die wunderbare Lebensschöpferkraft in sich selber missachtet und sie nicht dankbar empfängt, auch wenn es viel in und mit uns zu beklagen gibt, der kann es auch bei anderen nicht. Akzeptanz des Lebens, des Sterbens und des Todes sind ein Ganzes. Wenn ich das nicht kann oder nicht will oder glaube, das nicht zu dürfen, weil man mir gesagt hat, ich sei schlecht und dürfe nicht gut zu mir sein, dann ist das keine gute Voraussetzung für ein Leben und Sterben in Zufriedenheit. Christlich gesprochen ist das eine Missachtung der Schöpfung Gottes. Und doch kommt eine solche Degradierung des Lebens in unserer Kultur ständig vor. Lernen wir, gut zu uns zu sein – ohne Überheblichkeit und ohne dass dies auf Kosten der anderen ginge! Es geht um Bei-sich-selbst-Sein und Mit-sich-zusammen-Sein, um Gemeinschaft mit mir, die immer vermittelt ist über die Gemeinschaft mit anderen. Wenn ich über mich nachdenke, ist da schon Gemeinschaft; sobald ich mich spüre, gibt es einen, der spürt, und es gibt das, was gespürt wird, und das sind schon zwei miteinander verknüpfte Aspekte, eine Gemeinschaft im Erkenntnisprozess. Wenn «ich» mich aber mir selbst nicht aussetzen will, laufe ich vor mir davon. Ich brauche oder missbrauche dann die anderen oder das andere, um mich mir selbst gegenüber zu vermeiden. Darüber kann und sollte man immer wieder nachdenken, um einen heilsamen Erkenntnisprozess anzustoßen.

Nichtsdestotrotz verläuft eine Großzahl menschlicher Kontakte genau so, dass Begegnung vermieden wird. Gerade im Zeitalter der schnellen Internet-Kommunikation gibt es viel Einsamkeit, weil man sich nicht voneinander berühren lässt. Wenn Begegnung wirklich Begegnung ist, treffen Menschen aufeinander, die sich gegenseitig wahrnehmen, einander schätzen, auch miteinander streiten und für eine Weile miteinander in Unfrieden sein können, aber sie sind in Begegnung und lassen sich berühren. Dann findet man auch (meist) wieder zueinander, weil Begegnung und direkter Austausch stattfinden. Vermeidet man Begegnung, kommt es nur zum Kontakt. Dann werden suchtartig Kontakte gesucht und die Anzahl der «Likes» im Internet wird als Statussymbol verbucht. Es sind Stimulationen von außen, die eher von intensiver Fremd- wie Eigenwahrnehmung ablenken und Mit-sich-selbst-Sein vermeiden. Solche Vermeidung von Begegnung mit anderen wie auch mit der eigenen Einsamkeit ist eine Vermeidung von Lebendigkeit, eine Vermeidung von Selbstbegegnung, eine Vermeidung von Leben. Dies gilt für das gesamte alltägliche Leben. Aber es gilt ganz besonders auch in der hochsensiblen Phase des Sterbeprozesses.

Die eben beschriebenen drei Gesichtspunkte zum Thema Einsamkeit werfen die Frage auf, was eine spirituelle Praxis zur Bewältigung von Problemen, die sich hier ergeben, beitragen kann. Zwei Schritte und drei Phasen sollen im Folgenden beschrieben werden. Sie helfen sowohl dem Sterbebegleitenden als auch dem sterbenden Menschen, eine angemessene, einfühlende und empathische Haltung am Kranken- oder Sterbebett vorzubereiten.

Der *erste* Schritt ist die Imagination. Wir können unsere Vorstellungskraft verbessern beziehungsweise weiterentwickeln. Eine Praxis, wie sie in der Zen-Meditation geübt wird, kann hierfür hilfreich sein. Wenn das Sitzen beschwerlich wird, indem ein Gefühl von Enge oder im Körperempfinden an der einen oder anderen Stelle lähmende Schwere auftritt, oder wenn das Atmen mühsam wird, können wir Weite imaginieren und innere Befreiung dadurch entwickeln, dass wir uns bildhaft vorstellen, wie der Atem einen Raum in und um uns weitet, wie wir nicht gebunden sind an die schmerzenden Stellen im Körper, sondern wie mit dem Atem der Lebensstrom durch uns hindurchgeht. Wir werden weiter und gewinnen Raum. Eine solche Praxis kann am Sterbebett eine große Rolle spielen, denn wir haben es dort mit Phänomenen der Reduktion auch des Raumes zu tun. Der Sterbende fühlt sich oft eingezwängt in einen engen Raum und kann sich ja auch kaum noch bewegen, und so erweist sich die innere Kraft der Weitung als befreiend. Dies muss natürlich zuvor geübt sein, um genügend Konzentration zur Imagination aufzubringen. Wenn ein sterbender Mensch noch in der Lage ist zu reagieren, kann der Begleiter zu dieser Praxis einladen und durch behutsames Sprechen die Konzentration auf den Atem und die inneren Bilder einleiten. Beide sollten dann gemeinsam praktizieren, und zwar angepasst an den Atemrhythmus, den der Sterbende automatisch und von sich aus vorgibt.

Der *zweite* Schritt ist subtiler, und es ist sehr vorsichtig damit umzugehen. Wo aber diese Praxis möglich ist, kann sie eine nachhaltige Wirkung entfalten: die Praxis des Einzugs der Wahrnehmungskräfte nach innen. Sterben ist ein Prozess, in dem Kräfte von außen nach innen gezogen werden. Die Kraft aus sinnlich wahrnehmbarer und nach außen wirkender Energie schwindet allmählich. Die damit verbundenen Wahrnehmungen und Prozesse sind im sogenannten Tibetischen Totenbuch detailliert beschrieben worden (vgl. Kapitel 9), und auch in den europäischen Traditionen werden entsprechende Erfahrungen ähnlich, wenn auch im Detail nicht identisch, thematisiert. Die diesbezüglichen Beobachtungen beschreiben die Empfindung eines sich ständigen Zurückziehens der vitalen Kräfte in die zentralen Funktionen des Körpers.

Das bedeutet, dass sich die Bewegung von außen nach innen vollzieht. Alles wird reduzierter und stiller. Sterbende äußern gelegentlich, dass es viel zu laut sei, obwohl es im Raum recht leise ist. Selbst wenn man einen stillen Raum schafft und nur flüstert oder im Hintergrund gedämpft Musik spielen lässt oder singt, ist es Sterbenden zu laut, weil ihre Empfindsamkeit hochgradig zunimmt, insbesondere in späteren Phasen des Sterbens.

Wir erleben dies, wenn vielleicht auch nicht so intensiv, wenn wir krank sind oder nach einer Operation aus der Narkose erwachen. Alles kann dann zu laut oder zu intensiv sein, das Licht zu grell, die Töne der Stimmen und Geräusche der Apparate zu stark. Selbst die Ansprache oder Berührungen durch Arzt und Krankenschwester sind dann zu viel. Wir erwarten zwar Besuch, aber wohlmeinende Verwandte und Freunde, die sich zum Besuch eingestellt haben, wünschen wir bald wieder hinaus. Diese Stille muss respektiert und gewährt werden.

Ich möchte vorschlagen, die Stille am Sterbebett in drei Phasen einzuüben:

In einer *ersten Phase* suchen wir am Anfang des Sterbeprozesses, wo dies noch möglich ist, das zurückhaltende Gespräch. Zurückhaltend heißt, dass *einzig und allein* der sterbende Mensch die Geschwindigkeit, die Lautstärke und den Inhalt des Gesprächs vorgibt. Man darf hier nicht Eigenes überstülpen oder gar durchsetzen wollen. Dies gilt auch für «gut gemeinte Ratschläge» bezüglich der Nahrungsaufnahme, ritueller Übungen und so weiter. Ein solches Sprechen kann sehr langsam werden, manchmal kommen nur Gesprächsfetzen zustande. Wer darüber unruhig wird, sollte sich auf den eigenen Atem konzentrieren und den Rhythmus genau wahrnehmen. Hier gilt es, den Sterbenden allein durch die eigene Präsenz zu berühren.

In der *zweiten Phase* kann das Sprechen als viel zu laut empfunden werden. Es ist wie bei einem Schweigekurs in der Meditation: Wer tief im Schweigen ist, empfindet jedes Wort als zu viel. Hier kann es zu einer deutlich subtileren Kommunikation mit dem Sterbenden kommen, etwa mit der Augenbewegung, die eine feine Berührung, eine stille Verständigung ermöglicht. Laute Worte wären hier trennend und könnten Gemeinschaft abschneiden. Nur auf den weniger subtilen Ebenen kommen wir durch Worte und durch Gespräche miteinander in Beziehung, während auf dieser tieferen Ebene Worte stören können. Doch auch eine solche subtilere Berührung bedeutet, dass immer noch zwei einander gegenüber sind. Ein leichtes Handhalten oder vorsichtiges langsames Streichen über den Arm bis hin zu einer ganz sanften Massage kann nicht nur wohltuend für beide sein, sondern eine tiefe Kommunion ermöglichen. Je nachdem, wie weit der Sterbeprozess vorangeschritten ist, wird diese Berührung immer feiner. Vielleicht berühren dann nur die Fingerspitzen eine Hand des sterbenden Menschen, oder es ist gar nicht angebracht, die Hand aufzulegen, sondern sie wird in einem gewissen Abstand gehalten, so dass eine subtile Spannung entsteht. In diesem Wahrnehmen von Berühren existiert nur noch ein Feld, das sich aber sozusagen aus den Energien von zweien speist, von dem, der die Berührung empfängt, und dem, der die Berührung gibt, und das kann viel inniger sein als ein Dialog in Worten.

Die *dritte* Phase setzt dort ein, wo auch die Berührung zu viel, zu laut ist. Das ist die Phase, die ich reine Präsenz nennen möchte, und sie ist in der zweiten Phase bereits vorbereitet worden. Hier ist, ohne jede Berührung, alles auf das mentale Gegenwärtigsein konzentriert. Es ist eine Subtilität entstanden, die die Präsenz im Raum, das Atmen, das Erspüren des anderen, eine intensive Gemeinschaft, nicht nur signalisiert, sondern immer weiter vertieft. Es geht um eine Schwingungspräsenz, die nährt und stark macht. Diese subtile Schwingung ist eine nonverbale Resonanz zwischen zwei Menschen – auch das kennen wir aus der Meditation, wenn eine Woche lang gemeinsam geschwiegen wird. Dabei entsteht eine Atmosphäre im Raum, eine Verbindung, die mit Worten nicht zu benennen ist, subtil und fein und tief, so dass der Raum dadurch in Vibration zu geraten scheint. Die gleiche Intensität entsteht in Sterbeprozessen, wenn wir den Mut haben, uns am Sterbebett wirklich darauf einzulassen. Nennen wir es ruhig eine heilige Stille, die auch den möglichen Schmerz durchdringen kann.

Fassen wir zusammen: Die körperliche Berührung (Halten der Hände oder des Kopfes, leichtes Streichen über den Arm) ist ein adäquater Ausdruck von Gemeinschaft, sie wird zunehmend subtiler und vertieft sich in geistiger Präsenz. Dort, wo die körperliche Berührung gebraucht wird und sich geradezu als notwendig erweist, bei der pflegenden Berührung des Sterbenden nämlich, ist besondere Achtsamkeit geboten. Sterbende können die leiseste Berührung als zu massiv empfinden, und es kommt vor, dass sterbende Menschen, die sich in einem Zustand äußerst subtiler Wahrnehmungsintensität befinden, das Gefühl haben, der Pfleger oder die Pflegerin wolle ihnen wehtun. Hier kann die achtsame Art und Weise der körperlichen Berührung nicht vorsichtig genug sein.

Leider ist es so, dass in Pflegeeinrichtungen oft weder die Zeit noch die Möglichkeiten gegeben sind, diesem Anspruch genügen zu können. Darum muss noch viel getan werden, um das Bewusstsein in der Gesellschaft dafür zu stärken, dass die Würde des Sterbenden die genannten Bedingungen verlangt, sei es in der ambulanten oder in der stationären Pflege. Menschen sollen in einer würdigen, ruhigen Atmosphäre sterben und trotzdem in den Genuss aller palliativmedizinischen Möglichkeiten gelangen wie etwa die der Schmerzlinderung. Wenn diese Kombination gut gelingt, sind zumindest wesentliche Voraussetzungen dafür geschaffen, dass Menschen in Würde und Frieden sterben können.

Körperliche Berührung in der Pflege zulassen zu können, setzt einen Prozess voraus, der lange vor dem Sterben einsetzen muss. Der Kern dieses Lernprozesses ist die Erkenntnis, dass jeder Mensch bedürftig ist. Unsere Kultur der Autonomie, des Strebens nach Unabhängigkeit, ist einseitig. Wie wir schon sagten – als Kinder und alte Menschen sind wir auf andere angewiesen, aber auch im tätigen Leben als Erwachsene müssen wir uns auf andere Menschen einlassen und verlassen können. Wenn wir im Alter immer abhängiger werden, kann pflegerische Berührung auch im Intimbereich den Widerstand des Schamgefühls hervorrufen. Äußerst waches Einfühlungsvermögen auf allen Seiten ist die Bedingung, um solche Berührungen dankbar geschehen lassen zu können und die Schamgrenze zu überwinden. Das ist ein Lernprozess. Wenn er gelingt und frühzeitig eingeübt wird, sind der Sterbeprozess und die Pflege, die im Sterbeprozess notwendig ist, nicht nur erträglich, sondern können akzeptiert werden als Form von Gemeinschaft.

Es handelt sich hier um ein heikles Thema, weil unsere Kultur den Umgang mit dem Körper und den Schamgefühlen, die auch in der Pflege bei Sterbenden aufkommen können, nicht gelernt hat. Am ehesten lösen lässt sich dieses Problem vermutlich im Familienrahmen, in einem Rahmen der über Jahre hinweg gewachsenen Vertrautheit, oder aber durch gut organisierte Professionalität, wo man bewusst versucht, das Emotionale zurückzunehmen. Unter Zeitdruck jedenfalls kommt es oftmals zu einer Härte und einem Mangel an subtiler Annäherung an den anderen, was besonders schmerzhaft empfunden werden kann.

Die entsprechenden Verhaltensformen sind nicht leicht zu erlernen, man kann also nicht früh genug zumindest damit beginnen, Bedürftigkeit zuzulassen. Die Belohnung ist, dass wir damit einen Schlüssel zu Gemeinschaft und Verbundensein in die Hand nehmen. Das ist etwas, das geradezu wie ein Mantra in Lebenssituationen von Krankheit, von Hinfälligkeit im Alter und dann im Sterbeprozess zu lernen notwendig ist.

Ein weiterer Gesichtspunkt ist die Erkenntnis, dass ein Mensch noch in weit fortgeschrittenen Stadien des Sterbeprozesses mit sich in Kontakt sein kann, selbst dann noch, wenn mentale Funktionen und Kommunikationsfunktionen wie Sprache und Bewegung der Gliedmaßen nicht mehr sichtbaren Ausdruck finden. Die Bewegung – auch der Augen – kann minimal sein und dabei bedeutungsvoll. Man sollte einen Sterbenden auch nicht ständig umbetten, es sei denn, dass es medizinisch notwendig ist. Auch sollte man Sterbende, wenn sie extensive Bewegung ablehnen, nicht um jeden Preis – mit Zureden oder gar Drohungen – durch Krankengymnastik aktivieren wollen. Kleinste Bewegungen halten einen Sterbenden in Kontakt mit sich selbst – Bewegung der Zehen, der Fingerkuppen, ganz besonders auch die Bewegung des Unterkiefers. Dadurch werden leichte Spannung und Entspannung erzeugt, und das ist Aus- und Eindruck von Lebendigkeit. Wer auf diese Weise mit sich in Kontakt sein kann, überwindet die Gefahr von abgeschlossener beziehungsweise abgekapselter Einsamkeit viel leichter als jemand, der passiv bleibt.

Auch solche feinen Bewegungen mit voller Aufmerksamkeit zu erleben, kann man nicht früh genug erlernen. Durch die Selbstbewegung spürt ein sterbender Mensch seine Lebendigkeit. Und er kann sie nicht nur spüren, sondern selbst noch beeinflussen. Das, was wir in der Meditations- und Yogapraxis tun, ist genau diese subtile Wahrnehmungsübung.

Das Gefühl von Einsamkeit kann durch die Begegnung mit Vertrautem gemildert werden. Oft ist ganz leise Musik dem Sterbenden Heimat, vielleicht eine Erinnerung an Klänge in der Kindheit oder vertraute Stimmen aus dem engeren Familien- und Freundeskreis. Dabei sind Pausen nötig; jedes Zuviel kann hier wirklich zu viel sein. Das ändert nichts daran, dass kleinste Hörempfindungen, vielleicht durch ein Wort, einen vertrauten Psalm, ein vertrautes Gedicht, einen vertrauten Namen, Heimatresonanz erzeugen und dem Gefühl von abschneidender Einsamkeit entgegenwirken können.

Sterben, so sagten wir, ist ein Rückzug aller Lebenskräfte ins

Zentrum. Sterben ist auch ein Rückzug des Atems. Der Atem wird immer feiner, dann kurz vor Eintritt des Todes wird er rasselnd und bekommt einen anderen Charakter, aber es ist immer noch Lebenskraft vorhanden, die allerdings nicht mehr der Breite eines Stromes gleicht, sondern eher einem dünner werdenden Rinnsal.

Wenn man das versteht und mental darauf vorbereitet ist, kann man sich leichter auf das Geschehen einlassen und so lange wie möglich den Sterbeprozess selbst aktiv erleben.

Diese Erwägungen beruhen auf Beobachtungen an Sterbenden, aber auch auf Erfahrungen mit Abläufen in der Meditation, die Ähnlichkeiten mit dem Sterben haben. Gleichzeitig ist Zurückhaltung geboten: Wir können uns zwar empathisch einfühlen, wissen aber meistens nichts oder wenig über die subjektiven Empfindungen Sterbender. Denn wir selbst sind (noch) nicht gestorben.

Übungen

Dies ist eine Übung zum Innehalten. Innehalten ist einerseits Unterbrechung, nämlich eine gezielte Unterbrechung des Grübelns, der Gedanken von Zweifel und Furcht. Innehalten ins andererseits das Halten von etwas nach innen, die Umlenkung der Aufmerksamkeit auf etwas, das innerlicher ist als die Gedanken und Bewertungen, und das ist der körperlich empfundene Vorgang des Atmens. So kann Unruhe zur Ruhe kommen, Unfrieden in eine ausgeglichene Grundstimmung überführt werden. Die folgende Übung ist aus den Atemübungen des Yoga wohlbekannt.

1. Setzen Sie sich in einer bequemen Haltung auf einen Stuhl oder im Meditationssitz auf ein Kissen beziehungsweise auf ein Bänkchen mit nach hinten abgewinkelten Beinen. Achten Sie darauf, dass der Bauch frei ist, was durch ein aufgerichtetes Becken und eine gerade Haltung der Wirbelsäule ermöglicht wird. Sollte der Körper zu schwach sein, um sich aufrecht zu halten, praktizieren Sie im Liegen flach auf dem Rücken, wobei der Kopf durch eine Unterlage ganz leicht angehoben werden kann.
2. Atmen Sie tief ein und aus, möglichst in Vollatmung, das heißt Bauch- und Brustatmung. Die Bauchatmung setzt zuerst ein, indem die Bauchdecke locker gelassen wird und der Bauch sich wölbt, das Zwerchfell sinkt nach unten und die Luft wird in die Lungen eingesogen. Noch während die Einatmung anhält, ziehen Sie die Luft in den Brustraum nach oben, indem Sie die Rippenbögen weiten, wodurch sich der gesamte Brustraum ausdehnt und weitere Luft angesogen wird. Halten Sie die Luft an, solange das möglich ist, dann atmen Sie aus, indem Sie zuerst die Rippenbögen lösen, wodurch der Brustraum zusammenfällt und die Luft ausgestoßen wird. Dann ziehen Sie die Bauchdecke nach hinten, der Bauch wird eingezogen, wodurch das Zwerchfell nach oben gedrückt und die Luft weiter ausgestoßen wird. Üben Sie diese Vollatmung mehrere Male und genießen Sie den Fluss der Luft sowie das größere Atemvolumen, das Ihnen auf diese Weise gegenüber der Normalatmung zur Verfügung steht. Fühlen Sie sich von Atemkraft erfüllt.
3. Halten Sie nach der nächsten Einatmung inne und halten Sie den Atem an. Nun lösen Sie die Brust nur kurz, so dass etwas Atemluft ausfließt. Halten Sie nach 1–2 Sekunden den Atem in der Ausatmung wieder an. Spüren Sie das angehaltene

«Plateau»: Energiefluss und die Zeit scheinen stillzustehen. Atmen Sie weiter aus und halten Sie erneut an. Spüren Sie wieder den leichten Druck und den Stillstand. Dann atmen Sie ganz aus. Erlauben Sie sich einige fließende Zwischenatmungen und wiederholen Sie die Ausatmung mit Unterbrechungen. Wiederholen Sie, solange Sie mögen.

4. Während der Phasen des Anhaltens auf den verschiedenen «Plateaus» der Ausatmung können Sie das Kinn leicht in Richtung Brustbein drücken, indem Sie den Hals etwas zurückziehen und das Kinn einige Millimeter nach unten führen. Diese «Versiegelung» des Atems während des Anhaltens bewirkt eine Intensivierung der Kraft im Augenblick des Stillstands.
5. Sie können die Ausatmung wechselnd durch das linke und das rechte Nasenloch ausströmen lassen, indem Sie die Hand vor die Nase führen und jeweils das andere Nasenloch mit dem Daumen beziehungsweise dem Ringfinger ganz sachte zudrücken. Durch längeres Üben können Sie spüren, dass die linke beziehungsweise die rechte Seite unterschiedlich aktiviert werden und sich verschieden anfühlen. Genießen Sie diesen Wechsel und die damit verbundenen subtilen Empfindungen.

6. *Loslassen*

Ein Königsweg des Loslassens ist der Humor. Angesichts der Größe des Weltalls und der Unermesslichkeit der Zeit sind unsere gegenwärtigen Sorgen und Ängste klein. Und sie gehen vorüber. Der Tod muss nicht ängstigen, denn er relativiert alles – die Überlieferungsgeschichte dieser Weisheit ist lang und reicht von der Philosophie der Stoa in der Spätantike über die mittelalterlichen Totentänze bis hin zu Erich Kästner (1899–1974). Humor ist ein heiterer, nachsichtiger Blick auf uns selbst und auf die Welt. Humor ist die Einsicht: So ist es, aber ich kann es nie vollständig erkennen. Humor ist der Eintritt in das Staunen.

> Der Humor rückt den Augenblick an die richtige Stelle. Er lehrt uns die wahre Größenordnung und die gültige Perspektive. Er macht die Erde zu einem kleinen Stern, die Weltgeschichte zu einem Atemzug und uns selbst bescheiden.
> Das ist viel. *(Erich Kästner)*

«Loslassen» ist das Wort, das von spirituell Übenden wie ein Mantra rezitiert wird. Aber so ganz klar ist nicht, was damit gemeint ist. Wir können körperliche Verspannungen loslassen, wenn wir ihrer gewahr werden. Wir können versuchen, Besitz und Dinge, an denen wir hängen, loszulassen, um vielleicht weniger abhängig oder sogar frei zu werden. Was aber heißt es für die Psyche «loszulassen»? Ist es eine Frage äußerer Umstände oder mentaler Verknüpfungen, hängt es mit Gedächtnisinhalten, also Erinnerungen, zusammen? Wir können uns die Problematik verdeutlichen an einem Text, der aus der deutschen Mystik stammt, vielleicht von Meister Eckhart (1260–1327) selbst oder in seinem Umfeld formuliert:

> Gott ist ein Gott der Gegenwart. Wie er dich findet, so empfängt, so nimmt er dich, nicht als das, was du gewesen, sondern als das, was du jetzt bist, ... weil alle Dinge da nur Gegenwart sind. Was am ersten Tage geschah und was am jüngsten geschehen wird, das ist dort gegenwärtig im ewigen Nun.

Gegenwart, Vergangenheit, Zukunft – Zeit ist relativ, sie ist an die Art und Weise unserer Wahrnehmung gebunden. In unterschiedlichen Zuständen der Freude, der Trauer, der Langeweile, der Angst oder des Überdrusses, beim Schreiben einer Prüfungsarbeit, bei der Meditation, in einem angenehmen oder in einem eher peinlichen Gespräch empfinden wir den Zeitablauf sehr verschieden. Zeit kann langsam oder schnell vergehen.

Für Gott ist alles gleichzeitig. Er erscheint als der erste «Loslasser», indem er die Last der Vergangenheit abschüttelt. Das Gegenwärtige soll nicht von der Last der Vergangenheit erdrückt werden, denn jeder Augenblick ist auch eine Neuschöpfung, ein Resultat von Kreativität. Das kleine Pflänzchen des kreativ Neuen, die Gegenwart, kann dadurch gehegt und gepflegt werden, dass wir uns ihm ganz zuwenden. Ich möchte diese Überlegungen auf drei knappe Merksätze reduzieren:

- Was die Vergangenheit als das Faktische ist, können wir nicht ändern.
- Was die Zukunft als das Mögliche ist, ist unserem Zugriff (noch) entzogen.
- Allein das Gegenwärtige ist das, wo wir gebend und empfangend, aktiv und passiv zugleich, ganz dabei sein können.

Allein die Gegenwart *ist*. Das Vergangene ist als Vergangenes auch gegenwärtig, und zwar in unserer Erinnerung, ansonsten ist es (für uns) nicht. Und das Zukünftige ist als Zukünftiges überhaupt nur vorstellbar und denkbar in der Gegenwart, im gegenwärtigen Gedanken, sei dieser besetzt mit Hoffnung oder mit Angst. Vergangenheit und Zukunft sind gegenwärtig in unserem Bewusstsein, denn Zeit ereignet sich für uns überhaupt nur als Gegenwart. Wir holen die Vergangenheiten und die (möglichen) Zukünfte sozusagen in die Gegenwart hinein. Deshalb ist die konkrete Gegenwart, dieses Jetzt-bereit-Sein, so entscheidend.

Alles, was ist, ist von der Vergangenheit geprägt: unser Charakter, unsere Gedanken, unsere Gefühle, die Art und Weise, *wie* wir gegenwärtig da sind. Diese Prägungen können wir unterschiedlich interpretieren: Vielleicht sind sie zufällig, vielleicht sind sie Schicksal, vielleicht die Bürde unserer Familiengeschichte, vielleicht von Gott gewollt, vielleicht aufgegeben als Auftrag? Wie wir diese unsere Voraussetzungen interpretieren, hat entscheidende Auswirkung darauf, wie wir mit ihnen umgehen, in jedem Fall sind sie das «Material», das wir jetzt gestalten und prägen und umprägen können, nämlich durch Aufmerksamkeit auf das, was sich *jetzt* an Möglichkeiten bietet, und nicht durch ein Ausweichen in unrealistische Zukunftsträume (Ängste und Hoffnungen), auch nicht in bittere

Phantasien bezüglich vergangener Zeiten («hätte ich doch ...», «was wäre, wenn ...»). Das alles gilt es «loszulassen», damit das, was ist, auf- und angenommen werden kann, so dass wir wenigstens ein Mindestmaß an Gestaltungswillen umsetzen können – und zwar in aller Großartigkeit und Banalität zugleich.

Ein relativ leicht spürbarer Ausgangspunkt ist das Körperempfinden: das Gefühl vom Raum, in dem der Körper ist, oder die Empfindung des Atems, seines Rhythmus, seines wellenartigen Geräuschs. Auch rhythmische Bewegungen der Gliedmaßen können, abhängig von unserem Gesundheitszustand und mehr oder weniger ausgreifend, ein Empfinden von innerer Heimat, Selbstgenügsamkeit und stiller Zufriedenheit auslösen, so dass das Loslassen des nicht mehr Nötigen und nicht mehr Möglichen leichter gelingt. All das, was von innen nach außen strömt und was von außen nach innen aufgenommen wird, lässt uns lebendig sein. Das kann sehr wenig sein, das kann auch beschwerlich sein, aber es ist unsere «Heimat», die jeden Augenblick neu entsteht. Es ist das Gespür von «Dasein». Erleben wir dies mit einer inneren Haltung von Staunen und Dankbarkeit, können wir auch das Widersprüchliche und Schmerzliche in ein Sinnbild fassen, wie es der Dichter Rainer Maria Rilke ausdrückt. Dann können wir auch «loslassen».

Sinn bedeutet ja nichts anderes, als das Viele, was zunächst einmal sehr widersprüchlich und auch chaotisch sein kann, zu einem Ganzen, in ein Sinnbild zu fassen. Eine Fassung zu gewinnen bedeutet, einen Rahmen zu setzen, der einzelne Phänomene miteinander in Beziehung setzt, und das verlangt wiederum einen Fokus. Es ist wie in der Malerei oder der Fotografie: Der Rahmen macht die sich immer weiter fortsetzenden optischen Eindrücke zu einem abgegrenzten Ganzen, er schafft aus zerfließenden Formen ein Gebilde, das verstanden werden kann, und dadurch entsteht im Fluss der Zeit eine Momentaufnahme, also Gegenwart. Ohne Rahmen und Fokussierung ist das nicht möglich, dann hätten wir nur den unablässig zerfließenden Strom der Zeit. Loslassen ist beides – sich dem Strom der Ereignisse in der Zeit zu überlassen und einen Rahmen zu gewinnen, der dem Strom eine Struktur gibt, gerade auch wenn die einzelnen Ereignisse und Momente im Lebensfluss vergehen und bewusst losgelassen werden.

Was ist es aber, das notwendigerweise losgelassen werden sollte, damit die Gegenwart strahlt und nicht, wie zuvor gesagt, unter der Last des Vergangenen zusammenbricht? Wir wollen uns das an einer Geschichte aus der chinesischen Kultur verdeutlichen, die Zhuangzi (um 365–290 v. Chr.) erzählt, der große Weise des Daoismus aus dem vorbuddhistischen China. Seine Philosophie hat die Lebenseinstellung der Buddhisten in China ganz entscheidend mitgeprägt, und der spätere Zen-Buddhismus wäre ohne ihn gar nicht denkbar. Von ihm werden Sammlungen von Texten überliefert, die übrigens der große jüdische Religionsphilosoph Martin Buber herausgegeben hat. Seit mehr als 100 Jahren prägen sie auch in Europa das geistige Leben, Dichter wie Hermann Hesse und Bertolt Brecht haben sich von diesen Geschichten anregen lassen. Die Geschichte heißt «Die Perle»[11] und handelt vom Gelben Kaiser. Er gilt als Weiser, der wohl tatsächlich am Beginn der historisch dokumentierten Zeit lebte, gemäß der Überlieferung jedoch der mythischen Vergangenheit angehört, wobei in seinem Charakterbild mehrere Gestalten zusammenfließen. Er gilt jedenfalls als mit dem Ursprung der chinesischen Kultur verbunden.

Der gelbe Kaiser reiste nordwärts vom Roten See, bestieg den Berg Kun-lun und schaute gen Süden. Auf der Heimfahrt verlor er seine Zauberperle. Er sandte Wissen aus, sie zu suchen, aber es fand sie nicht. Er sandte Klarsicht aus, sie zu suchen, aber sie fand sie nicht. Er sandte Redegewalt aus, sie zu suchen, aber sie fand sie nicht. Endlich sandte er Absichtslos aus, und es fand sie. «Seltsam fürwahr», sprach der Kaiser, «daß Absichtslos sie zu finden vermocht hat.»

Diese tiefsinnige Geschichte über das Loslassen spiegelt in bestimmter Weise die Lebensgeschichte jedes Menschen; die Suche nach der Perle bezeichnet verschiedene Stadien des Lebens. Wenn wir in die letzte Lebensphase eintreten und uns vorbereiten auf den Übergang in die «Große Verwandlung» – wie man in Ostasien sagt –, kann die Geschichte die Funktion einer Landkarte erhalten. Und so fängt es ja auch an: Der Kaiser reist nordwärts, besteigt den Berg Kun-lun und schaut gegen Süden. Nach Nordwesten zu gehen bedeutet in vielen Kulturen – der indischen, der chinesischen, gelegentlich auch in europäischen Kulturen – Ähnliches. Es ist ein Weg in die Einsamkeit und ins Ungewisse, denn im Norden ist es – jedenfalls auf der Nordhalbkugel – kälter und dunkler. Es ist der Weg in die Nacht. Deshalb wird mit dem Norden das Abenteuer des Lebens, die Gefahr und das Wilde, das der Zivilisation entgegengesetzt ist, verbunden. Von Norden her gesehen eröffnet die Hinwendung nach Süden dem Kaiser nun den Blick zur Sonne, in die Richtung der Lebenskraft und der Zivilisation. Aus Indien kennen wir dieses Bild von Shiva Dakshinamurti, der, nach Süden gewandt, die Menschen lehrt, Kraft für das Abenteuer des Lebens zu gewinnen.

Er schaut nach Süden in Richtung Sonne, und das ist eine zentrale Aufgabe des Gelben Kaisers. In alten Kulturen repräsentiert die Figur eines Herrschers auch die Ordnung der Welt.

Er hat dafür zu sorgen, dass diese Ordnung aufrechterhalten wird, und zwar mit Gerechtigkeit, Augenmaß und Klugheit. Doch dann verliert er seine Zauberperle. Solche Märchenmotive sind in vielen Kulturen ähnlich – es ist entweder eine Perle oder ein Ring, in jedem Fall etwas besonders Kostbares. In der Perle oder im Ring ist die Kraft der Fülle des Lebens gebündelt, und wir denken sofort an den Ring des Nibelungen oder auch an Lessings Ring im Schauspiel «Nathan der Weise».

Kosmos ist ein griechisches Wort für Schmuck und für Schönheit, eine Kraft, die die Dinge zusammenbringt und in Schönheit erstrahlen lässt, hier symbolisiert in der Perle. Doch der Gelbe Kaiser verliert die Zauberperle – auch das ist ein Motiv in vielen Märchen ganz unterschiedlicher Kulturen. Der Held oder die Heldin verliert etwas Kostbares und muss es auf abenteuerlichen Pfaden wiederfinden. Diese Pfade sind die Signatur des Lebens. Das Paradies ging verloren und muss nun wiedergefunden werden. Das ist der Sinn des Lebens und des Sterbens.

Der Kaiser verfügt über vier Kräfte, die er ausschickt, um das Werk zu vollbringen, Kräfte, die allen Menschen zur Verfügung stehen: Wissen, Klarsicht, Redegewalt und schließlich als vierte Absichtslos. Zuerst schickt er Wissen aus, eine Kraft, die unsere Kultur mehr als alles andere vorantreibt. Wissen beruht auf der Analyse der Dinge, auf der «Zerlegung» der komplexen Lebenswirklichkeit in Fragmente beziehungsweise einzelne Ursache-Wirkungs-Ketten. Damit ist viel erreicht worden, beispielsweise die Eindämmung von Infektionskrankheiten und auch ein gewisser Schutz vor Schicksalsschlägen, die uns aufgrund von Naturkatastrophen treffen, wie begrenzt das auch immer nur möglich ist. Es ist gelungen, das Leben für viele Menschen komfortabler zu gestalten. Aber Wissen hat auch zerstörerisches Potential, wie wir am «Fortschritt» der Rüstungsindustrien und an der Zerstörung der Umwelt sehen können. Bestimmte reduktionistische Formen von Wissen zerstören das Verstehen von Zusammenhängen, und eine Folge davon ist die ökologische Katastrophe. Nicht nur durch Gier zerstört die Menschheit ihre Lebensgrundlagen, sondern auch durch die Fragmentierung des Wissens. Wissen trägt weit, aber es hat selten die Tragweite, seine Grenzen zu erkennen, weil es eine grenzenlos vorwärtstreibende Dynamik entfacht, die letztlich Unklarheit erzeugt. Wo keine Grenzen sind, gibt es keine Konturen, und wo keine Konturen sind, zerfließt unsere Seele in der Vielzahl der Bilder der Welt. Sie wird haltlos. Das Grenzenlose führt unweigerlich ins Haltlose, und genau das ist die Situation des Menschen – offensichtlich nicht erst heute. Wissen jedenfalls findet die Perle nicht.

Wissen kann erkennen, woraus die Perle besteht, aus diesen und jenen Elementen und Spurenelementen. Durch Wissen lernen wir, wo und wann und unter welchen Umständen eine Perlmuschel die Perle hervorbringen kann. Aber Wissen kann nicht die Schönheit der Perle bestimmen. Das ist nicht eine Frage des Wissens, sondern der nächsten Tugend: Klarsicht. Die Klarsicht ist ein umfassenderes oder tieferes Wissen. Ein Wissen, mit dem wir die Dinge wieder in ihre Zusammenhänge einordnen und in ihrer Einmaligkeit zu bewerten vermögen. Daraus folgt, dass wir die Perle pflegen. Klarsicht ist also mehr als Wissen, nämlich eine unmittelbare Beziehung, nicht die Zerteilung der Zusammenhänge, sondern die Verbindung der Dinge in der Kraft des Geistes, die Formung eines Sinnbildes, in dem alles einen Platz hat.

Aber auch Klarsicht vermag die Perle nicht zu finden. Klarsicht ist abhängig von unserem Willen, dem Streben, also auch von unserem Ego, das motiviert und getrieben ist von kurzfristigen Interessen. Das kurzfristig Erstrebenswerte und das langfristig Sinnvolle widersprechen einander sehr häufig. Eine kurzfristig angenehme Situation zu schaffen, gelingt leicht. Aber die langfristigen Folgen abzuschätzen, ist etwas anderes. Kurzfristig kann ich zum Beispiel meinen Hunger stillen durch ein üppiges Mahl, das ich mit Lust und Genuss verzehre. Langfristig sind die Folgen bekannt, vor allem wenn sich aus der Lust kurzfristiger Befriedigung von Bedürfnissen Gewohnheiten entwickeln. Wissen und Klarsicht finden die Perle nicht, weil sie vom Ego getrieben sind, und das Ego operiert immer unter einer stark eingeschränkten Perspektive, es sträubt sich gegen einen Gesamtblick.

Wenn sich das Leben dem Ende zuneigt – und die Geschichte ist ja von Abendstimmung gezeichnet –, dann genügen Wissen und Klarsicht nicht, um die Perle zu finden. Darum schickt der Kaiser nun das aus, was er am besten kann: Redegewalt. Redegewalt spiegelt uns vor, derjenige, der ihrer mächtig ist, hätte die Sache im Griff. Damit machen wir uns selbst und andere glauben, wir hätten verstanden. Begriff und Griff hängen aufs engste zusammen. Etwas im Griff zu haben, kann Meisterschaft bedeuten. Allerdings ist der «Griff» nicht selten auch der Würgegriff, der das Lebendige und Veränderliche, die Vielschichtigkeit des Lebens zu erdrosseln droht. Dann habe ich zwar die Sache unter Zugriff in meiner Hand und vielleicht auch zeitweise unter Kontrolle, aber sie kann nicht mehr leben, sie kann sich nicht weiter entfalten.

Der Griff, Begriff oder Zugriff des Menschen ist immer nur begrenzt möglich. Erkennen ist an Definition, also an Begrenzung gebunden. Das Leben aber entfaltet sich in unabsehbarer Fülle. Leben und Sterben haben wir letztlich nicht im Griff, sie entziehen sich jedem Zugriff. Und zwar nicht erst an der

Schwelle zum Übergang in das Sterben, sondern in jeder intensiveren Lebenssituation. Man glaubt, einander zu kennen, hat einen Begriff von dem jeweils anderen Menschen, mit dem man es zu tun hat, und man hat durch aufmerksame Beobachtung gelernt, die Gedanken und Wünsche anderer Menschen bis zu einem gewissen Grad zu erraten und «vorhersagbare Reaktionen» zu entziffern. Der andere Mensch – oder wir selbst in unserem Selbstbild – wird dann festgenagelt durch eine fixierte Anschauung: Du bist eben so. Aber jeder ist lebendig und entwickelt sich weiter. Bevor «Redegewalt» überhaupt den Begriff ausgesprochen hat, hat der andere sich schon wieder entzogen. Redegewalt spiegelt sich selbst, sie lässt den Fluss des Lebens zu brillanten kristallinen Strukturen erstarren, aber sie kann nicht die Kraft und Vitalität der geistigen Lebendigkeit und Kreativität erfassen. Redegewalt ist das Gegenteil des Loslassens, sie versucht, das Loszulassende an die Zügel zu nehmen: an die Zügel der Sprache, an die Zügel der Begriffe, an die Zügel der Grammatik. Sie muss festhalten, damit die Pferde nicht durchgehen. Selbstverständlich müssen wir lernen, das Leben zu zügeln, aber das ist nur die eine Seite. Es ist nicht der letzte Spruch über das Leben.

Redegewalt kann nicht die Gegenwart erfassen. Auf dem Hintergrund der Überlegungen zur deutschen Mystik, die wir oben angestellt haben, können wir es so sagen: Redegewalt kann nicht die Präsenz der Gegenwart erfassen, sondern immer nur die Schatten und Schemen des Vergangenen spiegeln. Das kann brillant sein, erschöpft aber nicht das Mögliche, die Kreativität. Lebendigkeit ist Entdeckung von Potentialen. Redegewalt ist die Beschreibung von Gewordenem. Redegewalt kann zwar das Lebendige rhetorisch beschwören oder fordern, aber sie verhindert durch ihre suggestive Fesselung, die vom

Eigeninteresse gelenkt wird, genau das, was sie freizusetzen vorgibt. Es sei denn, der Logos würde zur Tat – um es mit Goethes Faust zu sagen, aber das ist eine andere Geschichte. Auch Redegewalt jedenfalls vermag die Perle nicht zu finden.

An diesem Punkt kommt es aber keineswegs schon zur Kapitulation, denn es gibt noch eine vierte Kraft, die nun ins Feld geführt wird, und das ist «Absichtslos». Absichtslos vermag die Perle zu finden. Absichtslos ist das Loslassen von allem, was ich will und muss und kann und darf, vielleicht auch und vor allem das Loslassen dessen, was hier mit «ich» gesagt ist. Absichtslos ist das vollkommene Sichöffnen, offenes Gewahrsein. Wer zu warten gelernt hat, bis das plötzlich offene Gewahrsein sich einstellt, findet absichtslos die Perle.

Wir alle haben, zumindest wenn wir älter werden, eine Erfahrung dieser Art mit unserem Gedächtnis, wenn uns plötzlich Namen nicht einfallen. Man sieht den anderen bildlich vor sich, kann Einzelheiten erinnern, aber der Name ist entfallen. Noch so große Anstrengung und Konzentration helfen nicht weiter – der Name ist weg. Wissen, Klarsicht, Redegewalt können nicht weiterhelfen, je größer der Druck wird, umso mehr entzieht es sich. Und plötzlich, wenn man mit etwas ganz anderem beschäftigt ist, vielleicht im herbstlichen Garten die Blätter zusammenharkt, plötzlich ist «absichtslos» der Name wieder da.

Absichtslos sucht und findet die Perle jenseits verkrampfter Bemühungen, durch den Zugriff des Verstandes die letzten Geheimnisse von Leben und Tod lüften zu wollen. Absichtslos kann eine gewisse Gelassenheit und Bereitschaft für das Unerwartete ermöglichen. Dabei ist es durchaus hilfreich, Fragen zu stellen, die Antworten aber offenzulassen. Kein Mensch kann mit Gewissheit «wissen», was der letzte Grund des Lebens ist. Die Naturwissenschaften haben zwar mit der Evolutionstheorie höchst plausible Erkenntnisse über das *Wie* der Entfaltung des Lebens präsentiert, die bis auf weiteres auch als gültig betrachtet werden können (denn Wissenschaft ist kein Dogma und darum nie abgeschlossen), aber unsere Frage nach dem Sinn und dem Grund des Ganzen bleibt. Manche Menschen entwickeln aufgrund ihrer Lebenserfahrung diesbezüglich intuitive Gewissheiten, anderen ist das nicht möglich. Sie sollten zumindest eine gelassene Offenheit kultivieren, eben «absichtslos» Leben und Sterben geschehen lassen, denn keiner weiß, welche Erfahrungsräume sich dann noch öffnen können. Die Perle kann auch noch in den letzten Zügen des Lebens gefunden werden. Sie liegt ja nicht irgendwo in einem fernen unzugänglichen Land vergraben, sondern befindet sich ganz in unserer Nähe. Sobald der Blick sich öffnet, sehen wir sie, vielleicht dann, wenn in einem ganz unspektakulären Augenblick die Luft des Raumes um und in uns spürbar wird, die Weite der Stille, das Echo eines Klanges, der sich ganz einfach aus der Stille erhebt – im Nu «bin ich» dieser Klang, und das ist es.

Das ist «absichtslos», und der Kraft der Absichtslosigkeit können wir uns öffnen. Diesen Vorgang nennen wir Meditation, die ja nichts anderes ist, als absichtslos und gegenwärtig zu sein. Dies sind zwei Worte für ein und dieselbe geistige Haltung, beschrieben aus zwei unterschiedlichen Perspektiven. Die absichtslose Haltung, das unablässige Loslassen, bedeutet umgekehrt formuliert: nicht festgelegt sein, sich nicht de-finieren lassen, sich nicht abgrenzen im einengenden Sinn beziehungsweise die ganz unweigerlich entstehenden Grenzen immer wieder öffnen. Mit Offenheit dann auch den «Heimweg» antreten, den letzten Weg in eine Verwandlung, die wir nicht kennen. Diese Offenheit wird möglich, wenn Vertrauen gewachsen ist. Vertrauen ist wie eine Frucht, die langsam reift. Wir sollten nicht erwarten, dass Vertrauen einfach da und über jeden Zweifel erhaben ist. Vertrauen wird immer wieder auf die Probe gestellt und erschüttert angesichts der Wechselspiele des Lebens. Aber es kann wachsen, wenn wir genau hinsehen, Ordnung und Zusammenhänge wahrnehmen. Vertrauen ist nicht selten ein «trotzdem», in den Metaphern der chinesischen Erzählung von der Perle: Vertrauen ist das Wagnis, in den Norden zu reisen, um sich dann den Blick in Richtung Süden leisten zu können, also vom Norden her den Blick zur Sonne im Süden, auf das Ganze des Lebens, den Reichtum von Kultur und Natur zu genießen.

So ist diese Geschichte wie eine Landkarte für unseren Weg durch die Stationen des Lebens, von der Jugend an, in der wir Wissen erwerben, in die frühe Reifezeit hinein, in der wir mit Klarsicht auf die Dinge schauen, hin zu ausgefüllten Phasen des späteren Erwachsenenalters, wo wir uns (mit Redegewalt) durchsetzen und unseren Platz in der Gesellschaft finden wollen, um schließlich zu erkennen: Unser Leben liegt nicht in der Vergangenheit und auch nicht in der Zukunft, sondern im Jetzt und im Gegenwärtigsein, das sich durch Loslassen von Wissen und Klarsicht und Redegewalt ergibt, in einer absichtslosen vollkommen offenen geistigen Präsenz. Ohne die Verzweiflung, etwas versäumt zu haben, ohne den Druck, etwas verwirklichen zu müssen, sondern im verbindenden, ja versöhnenden Gestus der Wendung nach Süden, mit der im milden Blick des Alters die Bereitschaft wachsen sollte, Widersprüche zu akzeptieren und durch Akzeptanz zu integrieren.

Im biblischen Bild ausgedrückt, ist das der erste Schritt zur Rückkehr ins Paradies, aus dem wir hinausgeworfen worden sind beziehungsweise uns selbst herauskatapultiert haben. Der Durchgang durch die Welt ist wohl notwendig, damit wir in das Abenteuer des menschlichen Lebens eintauchen können, und das ist ein Weg ins Unbekannte, ins Fremde, auch in die Entfremdung, ein Weg, der Lust und Schmerz, Entdeckung und Verhüllung bedeutet. Aber es gibt einen Heimweg. Und dieser Heimweg ist absichtslos. Dann gibt es nur noch einen Satz: *So ist es.*

Loslassen zu können ist allerdings nicht leicht. Besonders dann nicht, wenn wir uns verunsichert fühlen, und das kann bei Krankheit, in Gefahren und auch im Sterben ein starker Faktor sein. Wir spüren das, wenn jemand die Hand des Begleitenden nicht loslassen kann und mag. Auch hier gibt es eine Möglichkeit der Unterstützung, nämlich vermittels der Imagination. So kann man den sterbenden Menschen bitten zu sagen, was er gern noch einmal tun würde, wenn er sich vorstellt, das Bett verlassen zu können. Dabei kommen Erinnerungen hoch, unterschiedliche Erfahrungen werden zusammengesetzt, es entsteht eine zeitübergreifende Geschichte. In jeder Erinnerung wird Widersprüchliches, das unter Umständen gar nicht miteinander in einem erlebten Zusammenhang steht, in ein «Sinnbild» gefasst. Es kommt zu einem Ausgleich, Zufriedenheit breitet sich aus, und wir können letztlich Frieden finden. Man kann dann einem Menschen Bilder zeigen oder gar einen kleinen Film für den Sterbenden drehen mit den Orten, an die er sich erinnert. Wir alle wissen, wie es uns ergeht, wenn wir Orte der Kindheit wieder aufsuchen, die wir lange nicht gesehen haben. Einerseits ist alles anders, vieles erscheint kleiner als in Erinnerung, die Dinge haben sich verändert, aber wir haften auch am Detail. Eine Rohrleitung im Haus der Kindheit, ein Wasserhahn, ein Geländer oder ein

Türknopf, vielleicht auch eine Hecke im Garten gewinnen plötzlich an Bedeutung. Wir erinnern uns daran, und das ruft ein Gefühl von Sicherheit wach. Dann können wir auch weitergehen und das Detail loslassen.

Wir können als Begleiter den Sterbenden (und uns selbst) auffordern, die Bilder und Ereignisse im Ausatmen loszulassen. Dabei geben wir unser Körperempfinden mit hinein in das Ausatmen: das Körpergewicht, die Wärme, den Gedankenfluss. In der Einatmung kommt alles wieder, aber allmählich beruhigen sich die Empfindungen, und wir lassen tatsächlich los.

Vorsichtig können am Sterbebett spirituelle und religiöse Fragen angesprochen werden, doch Sterben und Tod sind und bleiben ein Geheimnis, und wir wissen nicht, was «drüben» ist. Man kann eine Musik spielen, wenn dies Vertrautheit fördert. Man kann auch auf die positiv gefüllten Nahtoderlebnisse verweisen, von denen es inzwischen zahllose Berichte aus aller Welt gibt. Für viele Menschen sind sie ein Lebenselixier, durch das die Angst vor dem Sterben erheblich vermindert werden oder völlig verschwinden kann. Auch hier sollte man vorsichtig bleiben, nie aufzwingend und nur wenn die Bereitschaft spürbar ist, sich auf eine solche Perspektive einzulassen. Dann fällt das Loslassen nicht nur dem Kranken oder Sterbenden, sondern auch den Angehörigen leichter.

Angehörige erleben oft ein Chaos der Emotionen: Zwischen Abschied, Dankbarkeit und den widerstrebenden Gefühlen, dass der sterbende Mensch vielleicht von seinem Leiden erlöst wird, dass aber auch er selbst, der Pflegende, der womöglich bis an seine Grenzen gegangen ist, nun endlich Entspannung findet und sich wieder um Ehemann oder Ehefrau, die Kinder und den Beruf und nicht zuletzt um sich selbst kümmern kann. Ein solch völlig natürlicher Gedanke an sich selbst löst dann womöglich auch Schuldgefühle aus, und auch damit müssen Sterbebegleiter rechnen und umgehen lernen.

Der Tod hinterlässt Lücken. Man kann aktive Trauerarbeit leisten, indem man bewusst Erinnerungen an den Menschen, der uns verlassen hat, wachruft. So kann es hilfreich sein, dem Verstorbenen einen Brief zu schreiben, der sowohl den Dank für alles enthalten, aber auch Fragen stellen kann. Man kann den Brief mit einem Luftballon fortfliegen lassen. Dies hilft nicht nur Kindern, mit dem Schmerz umzugehen und ihn schließlich loszulassen. Auch hier gilt: Es gibt keine Methode, die überall wirkungsvoll wäre. Jeder Mensch geht verschieden mit Sterben und Tod um, ist unvergleichlich empfindsam in dieser Situation, so dass nichts übergestülpt werden darf – auch nicht ein «guter Rat» –, nur weil man selbst damit gute Erfahrung gemacht hat. Sensibilität und feinstes Gespür sind gefragt, leises Vortasten.

Übungen

Diese Übung nennen wir «die Welle», sie weitet das Körpergefühl. Sie unterstützt das Loslassen von Körperempfindungen und kann eine entlastende Lockerung vor allem im unteren Wirbelbereich bringen. Ein solches Körperempfinden wirkt sich auf das geistige Befinden aus, indem es eine gewisse Leichtigkeit verbreitet.

1. Legen Sie sich flach auf den Rücken, die Hände entspannt neben Rumpf und Beinen, die Handflächen am Boden. Spreizen Sie, wenn möglich, die Beine, so dass die Füße etwa 30 Zenti-

meter voneinander entfernt am Boden liegen. Atmen Sie tief und so langsam wie möglich.

2. In der Einatmung spannen Sie die Füße an und ziehen die Fußspitzen Richtung Schienbein. Danach spannen Sie die Wadenmuskulatur, die Knie, die Oberschenkel und die Gesäßmuskulatur an, alles noch in der Einatmung. Wenn möglich, ziehen Sie jetzt die Muskulatur des Beckenbodens zusammen, dann die Muskulatur des unteren Rückens, der Schulterpartie und der Arme und Hände. Richten Sie dabei die Hände auf, so dass die Fingerspitzen nach oben und die Handflächen zu den Füßen zeigen.
3. Dehnen Sie nun den Hals ganz weit, die Zunge wird hinter die oberen Schneidezähne gegen den Gaumen gepresst. Halten Sie den Atem noch etwas an.
4. In der Ausatmung entspannen Sie nun in umgekehrter Richtung den gesamten Körper, beginnend mit der Zunge, dem Hals, den Schultern und Händen, weiter mit der unteren Rückenmuskulatur über das Gesäß, den Beckenboden, die Oberschenkel, die Knie, die Waden und die Füße. Nun haben Sie während dieser Lösung aller Muskeln ausgeatmet. Bleiben Sie ruhig liegen und atmen Sie weiter, beobachten Sie das Gefühl in Ihrem ganzen Körper.
5. Wichtig ist, dass der Fluss von Spannung und Entspannung wie eine Welle durch den Körper geht, also in der richtigen Reihenfolge – keine Muskelpartie zu früh oder zu spät. Genießen Sie das Wellengefühl, das durch Sie hindurchgeht.
6. Wenn Sie einatmen, können Sie das Energiegefühl, das von unten her durch den Körper nach oben aufsteigt, noch über den Kopf ausdehnen – hinein in den Raum hinter Ihrem Kopf. In der Ausatmung sammeln Sie aus dem Raum hinter dem Kopf die Energie und lassen sie in den Kopf durch die

Schädeldecke eintreten und dann durch den Körper nach unten herabfließen.

7. Verbinden Sie dieses Gefühl von eintretendem und durch den Körper fließendem Energiestrom mit einer inneren Lichtempfindung. Stellen Sie sich also vor, wie warmrotes oder orangefarbenes Licht von außen mit der Einatmung einströmt und mit der Ausatmung wieder abfließt, es strömt durch Sie hindurch von den Füßen bis zum Kopf und umgekehrt.
8. Nach einiger Zeit können Sie spüren, wie sich Ihr Körpergefühl weitet, zusätzlich zu einer Flexibilität in der unteren Wirbelsäule spüren Sie Spannung und Lösung im gesamten Körper. «Es» fließt durch Sie hindurch, Sie werden bewegt und alles Verfestigte an Gedanken und Gefühlen wird in diesen Strom hineingenommen. Vielleicht kommen in Ihnen gar ein Gefühl von seidenhafter Leichtigkeit und ein Anflug von Freude auf.

Eine weitere Übung des Loslassens, die Sie real oder in der Vorstellung praktizieren können:

1. Stellen Sie sich einen Gegenstand vor, den Sie besonders gern haben.
2. Betrachten Sie diesen Gegenstand liebevoll und mit Dankbarkeit.
3. Schenken Sie ihn weg. Geben Sie ihn einem Menschen, den Sie gern haben.
4. Nehmen Sie nun einen zweiten Gegenstand aus Ihrem Besitz, den Sie mögen.
5. Schenken Sie ihn ganz bewusst einem Menschen, der Ihnen nicht so nahesteht.

7. Autonomie

Kein Mensch lebt «autonom», das heißt nach seinem eigenen Gesetz. Menschen sind gemeinschaftsorientierte Kulturwesen, und das bedeutet auch die Abhängigkeit von anderen, sowohl in der physischen Existenz als auch im geistig-kulturellen Leben. Das Leben selbst empfangen wir von den Eltern, die Sprache und alles Wissen ererben und erlernen wir in erweiterter Gemeinschaft. Sprache ist nicht nur ein Mittel der Kommunikation, sondern schenkt uns Heimat und Identität sowie die Formen des Umgangs, die Körpersprache, die Codes der Verständigung, die kulturellen Werte. Ein «Ich» kann nicht sein ohne ein «Du», das Ich formt sich überhaupt erst durch das «Du» im Miteinander, aber auch in wechselseitiger Abgrenzung. In Freundschaft und Liebe wird diese Wechselseitigkeit nicht nur bewusst, sondern auch beglückend erfahren. Im Machtgefälle einseitiger Beziehungen jedoch, dort, wo Dominanz entsteht, kann Abhängigkeit eine Qual werden. Es ist also nicht die Gemeinschaft als solche, der wir das Autonomiestreben entgegensetzen, sondern eine als unangenehm oder bedrückend erlebte Abhängigkeit. Eine solche Dominanz kann nur durch *wechselseitiges* Geben und Nehmen verhindert werden. Einander begegnen auf Augenhöhe.

Das Problem stellt sich besonders dort, wo es um Kernfragen des Lebens, um Leben und Sterben selbst, geht. In der Begegnung etwa zwischen Arzt und Patient ist ein deutliches Wissensgefälle unvermeidlich. Der Experte begegnet dem, der Heilung oder Fürsorge braucht, und in dem Kompetenzbereich des Arztes muss seine Autorität gelten, wenn das Vertrauen nicht zu Bruch gehen soll. Einen Arzt zum «Dienstleister» zu degradieren, dessen analytisches und operatives Wissen man «einkauft», geht an dem Bedürfnis nach einer vertrauensvollen und personalen Beziehung zwischen Patient und Arzt vorbei. Vielmehr müssen sachliche Kompetenz und emotionale Zuwendung zusammenkommen, damit das Verhältnis des Arztes zum Patienten eine personale heilende Beziehung abbildet. Personalität bedeutet Wechselseitigkeit: Der Patient darf nie zum «Objekt» des Arztes und seiner ärztlichen Heilkunst werden. Das versteht sich von selbst, ist aber unter den Bedingungen des technisierten und finanziell aufwendigen Medizinbetriebs sowie der Zeitknappheit ein Problem geworden, von dem insbesondere auch sterbende Menschen betroffen sind.

Patientenautonomie oder der Patientenwille sind Begriffe, die relativ neu in unsere gesellschaftlichen Debatten und die Gesetzgebung Einzug gehalten haben. Die Vorstellung von der Autonomie des Subjekts wurde in der Aufklärung entwickelt und im 19. Jahrhundert auch politisch wirksam, zumindest für die Mittel- und Oberschichten, aber erst im 20. Jahrhundert hat sie die Gesetzgebung maßgeblich geprägt, besonders nach 1968. Darin drückt sich das Menschenbild der Eigenverantwortung und der Eigenverantwortlichkeit aus, im Unterschied zur «Bevormundung», die nicht nur politisch bestimmend war, im 19. und im frühen 20. Jahrhundert sichtbar in der autoritären Pädagogik, wie sie von Kirche und Staat nicht nur propagiert, sondern auch ausgeübt wurde. Mit der Säkularisierung nach 1815 übernahm der Staat die Kompetenz zur Setzung von Normen, die bisher als religiös begründetes unumstößliches Gesetz gegolten hatten. In den totalitären Ideologien des 19. und 20. Jahrhunderts (Kommunismus und Faschismus beziehungsweise Nationalsozialismus) ersetzte die «Partei» den religiösen Autoritätsanspruch, Religion wurde hier zwar abgelehnt, aber das Autoritäre blieb. Da gab es kaum Spielraum für den freien Willen des Individuums beziehungsweise für «Autonomie». In den totalitären Ideologien hatte und hat sich das Interesse des Einzelnen dem Wohl des Kollektivs unterzuordnen, das die Partei definierte. Die Geschichte der Medizin im Dritten Reich wie auch in kommunistischen Diktaturen zeigt diese Entmündigung des Einzelnen in erschreckender Weise. Aber auch der vom Staat geforderte Opfertod unzähliger Soldaten in den Kriegen des 19. und 20. Jahrhunderts für die «Nation» oder die «Schicksalsgemeinschaft» oder den «Fortschritt der Menschheit» hat ähnliche Wurzeln. Hier soll aber noch grundsätzlicher nachgefragt werden.

Wir können uns dieses Grundsätzliche verdeutlichen an der jahrhundertealten Debatte über den freien oder unfreien Willen, die bis in die Antike zurückreicht. Interessant ist in diesem Zusammenhang die Diskussion zwischen dem Reformator Martin Luther, der 1525 mit *De servo arbitrio* («Vom versklavten Willen») eine Gegenschrift zu Erasmus von Rotterdams berühmter Schrift *De libero arbitrio* («Über den freien Willen», 1524) vorlegt. Erasmus hatte im Geist des Humanismus den freien Willen des Menschen betont. Wenn Luther vom unfreien Willen spricht, dann hält ihn das keineswegs davon ab, die Gesetzgebung der damaligen Zeit beziehungsweise die kirchlichen Normen für das Leben anzugreifen, und er weiß sich nur seinem eigenen Gewissen verpflichtet. Er interpretiert die Bibel neu, gegen alle Autorität des Papstes und die Mehrheitsmeinung in Kirche und Reich. Die Legende überliefert, dass er auf dem Reichstag zu Worms dem Kaiser getrotzt habe mit den Worten: «Hier stehe ich, ich kann nicht anders. Gott helfe mir. Amen.» Er setzt seinen Willen durch und sein Leben aufs Spiel; seine kompromisslose Position beruht auf freier Entscheidung, die durch Erkenntnis des Wortes Gottes begründet wird. Und dennoch behauptet Luther, dass der Wille nicht frei sei. Warum? Weil der Wille von widerstreitenden Trieben beeinflusst würde, die von momentanen Interessen gelenkt werden, etwa der Sucht nach Macht, dem rücksichtslosen Genuss oder der Arroganz, und ebendeshalb nicht in einer vernünftigen freien Entscheidung gründen. Allerdings sei auch die Vernunft korrumpiert, und Luther bezeichnet sie sogar als «Hure», denn sie könne alles rechtfertigen, was der Trieb durchsetzen wolle. Der Mensch werde vom Teufel oder von Gott geritten, von einem freien Willen könne also keine Rede sein. Allerdings könne sich der Mensch frei für Gott entscheiden, das aber nur, weil Gott ihm das Geschenk der zuvorkommenden Gnade und Liebe als *freie* Gabe ohne Bedingung anbiete. Frei sein könne demnach nur ein von Gott gelenkter Wille, der vom Vertrauen auf Gott (Glaube) ausgehe. Diese Position wurde später als *Theonomie* bezeichnet, im Unterschied zur *Autonomie* (das Ich, das sich durchsetzen will) und der *Heteronomie* (dem Zwang zum Gehorsam gegenüber denen, die Macht ausüben). Luther nahm hier Einsichten vorweg, die im 19. Jahrhundert durch Sigmund Freud, Friedrich Nietzsche und andere aufgegriffen wurden, die die Macht des «Unbewussten» und die Steuerung des Verhaltens durch die Triebstruktur erkannten.

Es handelt sich also um einen Streitpunkt. Als im 18. Jahrhundert, der Zeit der Aufklärung, die Frage neu gestellt wurde, worauf sich die Autonomie der Entscheidung gründe, machte der französische Philosoph Jean-Jacques Rousseau (1712–1778) mit der Auffassung von sich reden, dass das Natürliche sein eigenes Recht habe, wenn nur der Mensch die Naturgegebenheiten genau beobachte. Alle Autorität in der Gesellschaft hingegen komme nicht von Gott oder dem König, den gesellschaftlich anerkannten Autoritäten, sondern sei ein «Gesellschaftsvertrag», also eine immer neu auszuhandelnde Konvention zwischen unterschiedlichen Interessen. Dass der Mensch nicht gezwungen werde, dass er also unter Zwang *nicht* tun müsse, was er *nicht* wolle, sei Inbegriff der Freiheit – und nicht das Ausleben eigener Interessen und Launen auf Kosten anderer. Denn das wäre nicht naturgemäß. Wer in einer Diktatur aufgewachsen ist, weiß eine solche Sicht von Freiheit besonders zu schätzen!

Die Anerkennung der «Autonomie» des Einzelnen, der sich gerade in der Ausübung seines Selbstbestimmungsrechts als Person erweist, ist vor diesem Hintergrund eine Befreiung. Wenn wir Patientenautonomie einfordern, sollten wir diese Geschichte des Ringens um Freiheit berücksichtigen. Heute interpretieren wir meistens die Patientenautonomie dahingehend, dass das, was ein Mensch als eigenen Willen formuliere, bindend sei, da er sich durch Selbstaufklärung ein begründetes Urteil bilden könne. Selbst wenn andere Menschen (etwa Ärzte) gute Gründe hätten, ihm zu widersprechen, gelte sein Wille, wie ja auch ein Testament rechtlich bindend sei (solange es nicht gesetzes- oder sittenwidrige Wünsche enthält). Dem Einzelnen eine gewisse Sicherheit im Urteil zuzugestehen sei durchaus plausibel, heißt es, weil bei der Patientenverfügung eine intensive Phase der Willensbildung vorausgesetzt werden könne und der Text ja nicht leichtfertig, sondern nach reiflicher Überlegung und in Meinungsbildungsprozessen in der Familie, im Freundeskreis und selbstverständlich im Gespräch mit dem Vertrauensarzt formuliert worden sei. Außerdem könne diese Meinung und damit der in der Patientenverfügung schriftlich niedergelegte Wille jederzeit korrigiert werden. Autonomie gründet sich danach auf einen längeren Erkenntnisprozess und gerade nicht auf eine momentane Stimmung, die auch körperlichen Schmerzen oder einer Depressionsphase geschuldet sein könnte.

Dies ist ein großes Gut gegenüber der Fremdbestimmung, die besagt, dass ein anderer Mensch über mich (und mein Leben) entscheiden dürfe. Dass es eine allgemeine Gesetzgebung geben muss, der sich der Einzelne – trotz eigener Interessen – unterzuordnen hat, liegt gleichwohl auf der Hand, denn sonst wäre Zusammenleben nicht möglich. Der Ausgleich von Interessen muss allgemein akzeptierten Regeln gehorchen, die für alle gelten, denn nur so kann zumindest im Prinzip Gerechtigkeit etabliert werden. Nicht Zwang, sondern Einsicht dahingehend, dass alle von der Regel profitieren, ist die akzeptable Strategie. Die Notwendigkeit allgemeiner Regeln ist schon für den gesellschaftlichen Zusammenhalt selbstverständlich. Dass diese aber mit dem Willen des einzelnen Menschen kollidieren können, zeigt sich bei ethisch gravierenden Fragen, wie beispielsweise in Bezug auf die selbst induzierte oder fremd assistierte Euthanasie bei unheilbarer Krankheit zum Tode oder auch in Bezug auf den Schwangerschaftsabbruch, denn hier stoßen wir nicht nur auf fließende Grenzen, sondern auf Paradoxien der Interessenabwägung. Auch die Politik erkennt das an, wenn etwa bei der Abstimmung um solche Fragen im

Deutschen Bundestag der Fraktionszwang aufgehoben und der einzelne Abgeordnete nur auf sein Gewissen verpflichtet wird.

Patientenautonomie bedeutet also, dass der eigene Wille gelten soll, wenn es um Fragen des Sterbens in Würde geht. Aber, wie gesagt, sind hier Vorsicht und kluge Abwägung geboten.

Erstens verändert sich das, was wir wollen, im Laufe unseres Lebens, denn wir lernen dazu. Unser Wille verändert sich entsprechend der Umstände, einschließlich der hinzukommenden Erkenntnisse und auch der Einstellung zum Leben, und ist abhängig von der Lebenszeit im existentiellen Sinn. Wir wissen, dass unser Erleben von Zeit im Alter anders ist als in der Jugend, schon das ist ein Grund, sich selbst immer neu zu hinterfragen. Die Lektüre eines Buches, das Anschauen eines Filmes, vor allem aber das Miterleben des Schicksals nahestehender Menschen oder eine eigene Krebsdiagnose können unsere Einstellung zu Leben und Tod nachhaltig verändern. Wir werden sensibel für die Zerbrechlichkeit des Lebens, für die Endlichkeit des Lebens und all unserer Lebenszusammenhänge, unseres Bemühens und unseres Denkens. Eine diesbezügliche Nachdenklichkeit findet sich kaum oder nur sehr selten bei jungen Menschen, die noch das Gefühl einer nie endenden Lebenszeit haben, sondern sie stellt sich erst als Folge von Lebenserfahrungen und Zeitmustern des alternden Menschen ein. Selbstredend können solche Veränderungen der Lebensperspektive auch Ängste abbilden, die durch das Gefühl der Endlichkeit wachsen können. Alles ist in Bewegung, auch der eigene Wille. Wir hatten gesehen, wie vielschichtig Autonomie betrachtet werden muss, weil der Mensch nie unabhängig, sondern immer in Beziehungen lebt und nur so überleben kann. Autonomes Leben funktioniert nicht, und auch die, die rebellieren, sind trotz ihrer Rebellion ganz und gar abhängig von den funktionierenden Strukturen einer Gesellschaft: dass es Nahrung gibt, dass es Verkehrs- und Kommunikationsmittel gibt und so weiter.

Zweitens lebt in jedem Menschen eine tiefe Sehnsucht nach Zugehörigkeit. Zu einer Gruppe zu gehören, befriedigt uns, wenn wir in dieser Gruppe unseren Platz haben, gehört werden und uns einbringen können, wenn uns Wertschätzung entgegengebracht wird. Dies kann die Familie sein, ein Verein, eine Meditationsgruppe, die Kirchgemeinde, die Arbeitsgruppe in der Firma, die Gesellschaft überhaupt. Befriedigend ist dies, wenn die Abhängigkeiten auf Gegenseitigkeit beruhen und ein Geben und Nehmen ausdrücken. Das bedeutet, die Gegenseitigkeit braucht konkreten sozialen Ausdruck, um glaubwürdig und vor allem psychologisch wirksam zu sein, Eine «gewisse» Unabhängigkeit und eine «gewisse» Wechselseitigkeit balancieren einander aus. Das «gewisse» drückt das Bedürfnis nach Ergänzung durch den Gegenpol sprachlich aus. Als praktische Einübung in eine solche Haltung kann man sich jeden Tag bewusst machen, wie viel man empfängt, empfangen hat und empfangen wird: das Leben, Bildung, Nahrung, Beziehungen, die wir eingehen mit Menschen und anderen Lebewesen. Wir lernen heute, ökologische Zusammenhänge wahrzunehmen; das motiviert nicht nur, die Mitwelt pfleglich zu behandeln, sondern unseren eigenen Platz im Leben als Knotenpunkt von Beziehungen zu verstehen. Das wiederum ist Voraussetzung für die innere Haltung, auch das Sterben anzunehmen.

Und dennoch: Niemand möchte abhängig sein als passiver Empfänger. Das Kleinkind wird wach, indem es «selber machen» will. Und auch der alternde und sterbende Mensch will so lange wie möglich zumindest kleine Verrichtungen selbst ausführen können und dürfen. Die Aktivierung von Lebensprozessen braucht Zeit, Mut, Geduld, letztlich auch die Hingabe der anderen, was in modernen beschleunigten und auf Effizienz ausgerichteten Gesellschaften immer mehr fehlt. Darum sollten wir diese Haltung beizeiten einüben, denn sie ist im Sterbeprozess unverzichtbar.

Bis zum Lebensende ist die Selbstaktivierung wichtig, selbst wenn Menschen physisch paralysiert und dadurch abhängig sind. Auch in dieser Abhängigkeit gilt es, kleine Inseln der Selbständigkeit zu finden, etwa indem wir den hilfsbedürftigen Menschen ansprechen, fragen, ob und wie eine bestimmte Hilfeleistung erbracht werden soll. Das trifft umso mehr auf die intimen grundlegenden Lebensvollzüge der Nahrungsaufnahme und -ausscheidung zu, die zu einem besonders sensiblen Bereich gehören, wenn sie – wie in unserer Kultur – mit Scham besetzt sind. Hier wird es am allerwenigsten ertragen, abhängig und völlig passiv zu sein. Wir wollen wenigstens irgendetwas zurückgeben, also im Austausch, in Beziehung sein. Wenn schon der sterbende Mensch motorisch passiv ist, so kann doch durch Ansprache, durch mental-emotionale Zuwendung, durch kleinste Gesten, oft eher atmosphärisch also, eine Kompensation stattfinden. Das Geschehen kann vom Helfer initiiert werden, und auch wenn der sterbende Mensch nicht äußerlich reagiert, kann auf diese Weise ein *Fluidum der Wechselseitigkeit* entstehen.

Es ist also wichtig, dass das Streben nach Autonomie und die Tatsache wechselseitiger Abhängigkeit nicht gegeneinander ausgespielt werden, und zwar ganz besonders nicht in sehr schwierigen und einschränkenden Situationen. Nochmals: Am

Anfang des Lebens als Babys und Kinder sind wir zumindest bis zur Pubertät oder bis zum Einstieg in den Beruf abhängig. Spätestens am Ende des Lebens sind wir wieder auf Hilfe angewiesen. In den meisten Fällen klingt das Leben langsam aus, wenn die Lebenskräfte nachlassen und nicht ein abrupter Unfalltod oder ein Herz- beziehungsweise Hirninfarkt unserem Leben unerwartet ein Ende setzt. Es kann also eine lange Phase der Abhängigkeit geben, in der wir dann wieder mehr auf Gemeinschaft und die Hilfe anderer angewiesen sind. Nur in der Mitte des Lebens glauben wir, sofern wir wirtschaftlich auf eigenen Füßen stehen, unabhängig leben zu können, und empfinden das als ideal, zumal moderne Industriegesellschaften Mobilität und Unabhängigkeit immer häufiger erzwingen und im Fall von Hilfsbedürftigkeit sozialstaatliche Institutionen eine «anonyme Hilfe» leisten. Doch auch im Berufsleben stecken wir tief in wechselseitigen Abhängigkeiten, selbst wenn wir gern ein anderes Image pflegen.

Gemeinschaft ist ein entscheidender Faktor von Lebensqualität. Das heißt nicht, dass Phasen des Rückzugs und der bewussten und gesuchten Einsamkeit nicht wertvoll, möglicherweise sogar notwendig sind, zumal man in solchen Phasen Energie gewinnt, um sich dann wieder tätig in die Gemeinschaft einzubringen. Hingegen kann Vereinsamung gerade in Krankheitsprozessen und in Zeiten schwieriger Entscheidungen bis zur Verzweiflung führen und Depressionen auslösen, besonders dann, wenn körperliche Einschränkung hinzukommt. Dies kann zu gravierenden emotionalen Defiziten führen, so dass wir das Leben nicht mehr glauben meistern zu können oder vielleicht sogar nicht mehr leben wollen. Gerade darum ist es klug, hier rechtzeitig vorzusorgen. Familiäre Beziehungen und Freundschaften sind das, was zählt, aber sie müssen langfristig gepflegt werden, nicht erst, wenn man bedürftig wird, denn dann ist es oft zu spät. In Frieden sterben zu können, bedeutet bewusste Hinwendung und Einsatz von Zeit für andere, damit langfristig Netzwerke entstehen. Eine palliativ-spirituelle Begleitung durch professionelle Teams dient auch diesem Ziel. Es geht darum, sowohl Schmerzen zu lindern als auch vertrauensvolle Beziehungen zu ermöglichen.

Letztlich ist die Einübung ins Sterben sowohl für den Sterbenden als auch für die Angehörigen und diejenigen, die den Sterbenden begleiten, eine Auseinandersetzung mit der eigenen Endlichkeit. Auch darum ist äußerste Behutsamkeit hier oberstes Gebot. Zweifel müssen sich artikulieren können. Darum ist es heilsam, jene Ebene zwischen dem Sprechen von Gott und der Sprachlosigkeit zu beachten, von der wir hier reden: die Gemeinschaft des wechselseitigen Gebens und Nehmens. Wenn wir hier authentisch handeln, wird Kommunikation zu Kommunion, die Vereinsamung und manchmal auch Verzweiflung aufbrechen kann.

Vereinsamung hängt oft mit einem gestörten Selbstbild zusammen, mit dem Gefühl, selbst wertlos zu sein. Dies wird dann übertüncht durch markige oder aggressive Rede. Ein Sterbebegleiter darf sich nicht täuschen lassen – gerade hinter der Aggression bei Kranken und Sterbenden verbirgt sich oft ein Hilferuf, ein Begehren nach Anerkennung und Wertschätzung. Dafür ist es nie zu spät. In der letzten Lebensphase kommt besonders das verstärkt zum Vorschein, was wir schon in unserem ganzen Leben gelebt oder gesucht, aus verschiedenen Gründen aber versteckt gehalten haben. Versteckt auch vor uns selbst. Das, was über Jahrzehnte angewachsen ist, lässt sich in der Sterbephase meist nicht mehr verdrängen. Auch diesbezüglich ist es gut, sich rechtzeitig in Gemeinschaft vorsichtig zu öffnen und schon mitten im Leben die Vorbereitung auf das Sterben zu beginnen. Jede Lebenserfahrung, jede Lebensbiografie und auch jede Sterbebiografie sind anders, ein je eigenes Geschick. Daraus folgt die Eigenverantwortung für die Lebenden und die Sterbenden, die hier in eine besonders subtile Kommunikation eintreten, die, wenn sie gelingt, zur tiefen menschlichen Kommunion wird. Das Beharren auf «Autonomie» greift hier zu kurz, es kommt vielmehr auf die Einübung in «Eigenverantwortung» an. Und die Verantwortung beinhaltet eine Antwort, die die Präsenz des anderen, also das Du, voraussetzt.

Dazu eine chinesische Geschichte des Zhuangzi (365–290 v. Chr.), den wir schon kennengelernt hatten.[12] Sie steht unter der Überschrift «Angesichts des Todes»:

> Yen Hui befragte den Kung Dsi und sprach: «Dem Mong Sun Tsai war seine Mutter gestorben. Er weinte wohl, aber seine Tränen strömten nicht reichlich. Im innersten Herzen war er nicht angegriffen, und er erfüllte die Trauerbräuche ohne Klage. Und doch gilt er im Staate Lu für den, der sich am besten aufs Trauern versteht.» Kung Dsi sprach: «Mong Sun Tsai hat das Rechte getroffen. Er war vorgeschritten in seinem Wissen. So suchte er von den (äußeren Zeichen der Trauer) loszukommen, aber er konnte es nicht (um der andern willen); doch lag schon darin ein Loskommen. Er kennt keinen zureichenden Grund für das Leben und kennt keinen zureichenden Grund für das Sterben; darum weiß er nicht, ob es besser ist, sich der Vergangenheit zuzuwenden oder der Zukunft. So läßt er die Wandlung, durch die die Erscheinungen hervorgebracht werden, an sich vorübergehen im Bewußtsein dessen, daß diese Wandlung unerkennbar ist. Wenn es aussieht, als werde sich etwas wan-

deln: woher kann man wissen, ob es nicht in der Tat sich nicht wandelt; wenn es aussieht, als wolle sich etwas nicht wandeln: wie kann man wissen, ob es in der Tat nicht schon in Wandlung begriffen ist? Sind nicht vielleicht gerade ich und du in einem Traum befangen, von dem wir noch nicht erwacht sind? Jener zeigt äußere Trauer, während er im Herzen unberührt bleibt. Für ihn gibt es nur (den Aufbruch) aus einer Morgenhütte, kein wirkliches Sterben. Mong Sun ist erwacht. Wenn die anderen weinen, so weint er mit. Das ist der Grund, warum er sich so benimmt. Außerdem, was wir gegenseitig als unser Ich bezeichnen: wer weiß denn, was das ist, das wir unser Ich nennen? Würdest du träumen, du seiest ein Vogel und flögst am Himmel, würdest du träumen, du seist ein Fisch und schwämmest in der Tiefe: du würdest nicht wissen, ob das, was wir jetzt miteinander reden, im Traum oder im Wachen geredet war. Wem der große Schritt gelungen, dessen Freude tut sich nicht mehr äußerlich kund; wer seine Freude noch äußerlich zeigt, der ist nicht durchgedrungen zu jenen Ordnungen. Wer sich beruhigt bei jenen Ordnungen und dem Wandel entronnen ist, der geht ein in das grenzenlose All.»

Was für eine tiefsinnige und unerschöpflich vielschichtige Geschichte! Wir können hier nur einigen ausgewählten Aspekten nachgehen. Was ist denn unser Ich, das meint, autonom entscheiden zu können? Was ist authentisches Handeln, wenn es in einer Situation der Trauer gefordert wird? Mong Sun wird getadelt, weil er nicht in der gesellschaftlich üblichen Weise seine Trauer zum Ausdruck bringt. Er trauert zwar ein wenig mit den Menschen seiner Umgebung mit, wohl um der Gemeinschaft willen, um ihnen kein Stein des Anstoßes zu sein. Aber im Herzen hat er die Trauer überwunden, weil er in der Tiefe des Geistes einen Zustand der Gelassenheit erreicht hat, der begründet ist. Denn für den, der die Tiefe des Geistes erfahren hat, ist das Sterben wie der morgendliche Aufbruch aus der Hütte in den Alltag – ein undramatischer Übergang. Schließlich ist es sowohl im Daoismus als auch im Buddhismus ein Merkmal geistiger Reife, wechselnde Emotionen hinter sich zu lassen, denn sie sind unklare Erregungszustände, die den Menschen zwischen Begeisterung und Verzweiflung hin und her werfen. In der Tiefe des Geistes hingegen herrscht glasklare Ruhe, verbunden mit einer ausgeglichenen Heiterkeit, die alle Wechselfälle des Lebens als Wellenbewegung an der Oberfläche ohne Erregung gelassen hinnehmen kann. Emotionen der Freude oder der Trauer sind zwar psychologisch verständlich und müssen, wenn sie auftreten, durchlebt werden. Aber sie sind einseitig und lassen sich durch Einsicht ausgleichen. Weder das Geheimnis des Lebens noch das Geheimnis des Todes lüftet sich für uns. Wir wissen eben nicht Bescheid. Wechsel und Wandlung des Lebens erkennen wir nur teilweise – wer vermag schon von außen zu beurteilen, ob das, was sich bewegt, wirklich in Bewegung ist, und das, was unveränderlich zu sein scheint, nicht doch in einer Wandlung auf tieferer, nicht sichtbarer Ebene begriffen ist? Es ist eine Frage der Perspektive und des Maßstabs – denn Bewegung ist relativ. Es hängt von der Frage des Betrachters ab, mithin von seinem Bewusstseinszustand. Und das verdeutlicht Zhuangzi mit der Frage nach dem Ich. Was ist denn das? Das Selbstbewusstsein? Wenn ich mich als Ich erlebe, dann immer abhängig von einem Du, das heißt von einer Beziehung. Dann gilt: Ich ist das, was es ist, aufgrund dessen, was es nicht ist. Und mehr noch, Zhuangzi schrieb einmal: Er habe geträumt, er sei ein Schmetterling. Woher könne er wissen, dass es nicht der Schmetterling ist, der sich als Zhuangzi träumt? Dieses berühmte Bildwort verwendet er wieder, nur tauscht er hier die Tiere aus: Vogel und Fisch. Im Traum erleben wir die Wirklichkeit anders. Und das gilt für andere Bewusstseinszustände ebenso, die sich von unserem alltäglich rational operierenden Wachbewusstsein unterscheiden, beispielsweise Versenkungszustände in der Meditation. Oder Zustände des Bewusstseins, die als Nahtoderfahrungen beschrieben werden.[13]

Das Spiel des Bewusstseins mit seinen eigenen Zuständen ist unerschöpflich. Dabei tritt es mit Impulsen aus der Umwelt und solchen, die aus der eigenen Tiefe kommen, in Resonanz. Es entstehen Wechselwirkungen und das, was wir als teils rational nachvollziehbare, teils paradox anmutende Wirklichkeiten erleben. Die Kreativität des Bewusstseins lässt sich nicht auf monokausale Abhängigkeiten oder kalkulierbare Algorithmen reduzieren. Infolgedessen ist es angebracht, von Autonomie des Erkennens, Fühlens und Handelns immer nur im begrenzten Rahmen zu sprechen, wir urteilen immer nur in überschaubaren Ausschnitten des Spektrums von Erfahrung. Das bedeutet: Erkennen ist zwar durchaus Beschreibung des Faktischen, und das ist zeitlich gesehen das Vergangene. Erkennen ist aber auch das schöpferische Ausloten des Möglichen, und das ist das Zukünftige. Erkennen und Ausloten ereignen sich gegenwärtig als ein Staunen über die Fülle von Wechselbeziehungen, die wir – je «autonom» – im jeweils konkreten Zustand unseres Bewusstseins sehr unterschiedlich erfahren. Dann sind wir eins mit Leben *und* Sterben.

Übungen

Autonomie im Leben und im Sterben bedeutet auch, dass man aktiv die eigenen Gedanken und Gefühle lenken und beeinflussen kann. Dies wird besonders dann wirksam, wenn es uns gelingt, im Körpergefühl mit anderen verbunden zu sein. Diese Empfindung hat eine lösende und befreiende Wirkung, selbstverständlich nicht nur im Sterbeprozess, sondern während des gesamten Lebens. Die Übung ist verwandt mit der tibetischen Tong-len-Übung, einer Übung des Gebens und Nehmens.

1. Sie liegen auf dem Rücken oder, wenn das nicht möglich ist, bequem und gestützt auf der Seite. Selbstverständlich können Sie auch mit aufgerichtetem Becken und im Becken ruhender gerader Wirbelsäule sitzen. Der Kopf balanciert leicht und locker auf der Halswirbelsäule, so vollkommen austariert, bis keine Muskelspannung im Hals mehr spürbar ist.
2. Gehen Sie nun in die Ganzatmung, so wie wir sie schon unter der Übung zu Kapitel 5 (S. 133) beschrieben haben. Bauchatmung und Brustatmung gehen ruhig ineinander über. Atmen Sie tief und spüren Sie die Ruhe, die sich durch den gleichmäßigen Atemrhythmus allmählich ausbreitet.
3. Lassen Sie in der Vorstellung die Atemfülle von unten nach oben aufsteigen. Wenn der Atem durch Kehlkopf und Hals strömt, spüren Sie, wie Halsgegend und Kopfraum weit werden. Die Weite dehnt sich immer mehr aus.
4. In der Ausatmung strömt der Atem durch Brust und Bauch nach unten, dann in den Boden. Überlassen Sie sich diesem weiten Strömen, in dem etwaige Körperspannungen verschwinden und sich auflösen.

5. Stellen Sie sich vor, wie andere Menschen oder Tiere oder Pflanzen im Raum ebenfalls atmen. Atmen Sie den Atem ein, den andere ausgeatmet haben. Atmen Sie aus und spüren Sie, wie andere Ihre Ausatmung einatmen. Ein Atmen im wechselseitigen Geben und Nehmen. Sie sind verbunden mit den anderen Lebewesen im Raum, und Sie spüren diesen innigen Austausch von Atem und Lebensenergie. Sie sind zutiefst verbunden und können den Strom lenken. Sie sind aktiv.
6. Wenn Sie dies intensivieren möchten, können Sie dieses Atmen mit der Vorstellung von Licht verbinden. Sie atmen rötlich warmes Licht ein und atmen orangefarbenes warmes Licht aus, hin zu den anderen. Oder umgekehrt.
7. Sollte sich niemand im Raum befinden, können Sie sich vorstellen, wie Sie Ihren Atem auf die beschriebene Weise mit den Menschen (oder Tieren), die Ihnen nahestehen, teilen, dann mit entfernteren Menschen, dann mit denen, die weiter entfernt sind oder vielleicht sogar Ihre Gegner waren. Sie können den Atemstrom so weit ausdehnen, wie Sie wollen. Aber achten Sie darauf, dass die Vorstellung so konkret und lebendig bleibt, wie möglich.

8. *Rituale und Symbole*

Rituale begründen und verstärken das Gefühl, einer Gemeinschaft anzugehören. Sie stellen Einzelschicksale in einen größeren Zusammenhang und sollen den Einzelnen entlasten – im Ritual erlebt man, dass man eingebunden ist in eine Gemeinschaft und auf diese Weise Solidarität empfängt. Durch die Erzählung von allgemein bedeutsamen Geschichten beziehungsweise Mythen, die nicht nur Gründe für die besonderen Eigenarten eines Rituals angeben, sondern dessen Inhalt dem Lebensabschnitt eines Menschen, der hier gefeiert wird, Gewicht geben, vermittelt das Ritual die Erfahrung: So war es schon immer, und so wird es auch in Zukunft sein. Das tröstet und schafft Sinn. Dadurch geben Rituale Halt und Sicherheit.

Darüber hinaus wird in Ritualen das Besondere inszeniert: Die Ritualhandlung hebt besondere Zeitpunkte in der unerbittlich verfließenden Zeit heraus.[14] Rituale gliedern also nicht nur den Alltag, sondern sie markieren Herausragendes als ein Fest und geben so dem Alltäglichen Bedeutung. Rituale ziehen uns heraus aus dem alltäglichen Einerlei. Diese Doppelorientierung durch das Ritual ist wichtig, damit sich Menschen nicht im Gewöhnlichen träge verlieren.

Rituale nehmen oft auch die Zeitmuster auf, die die Natur vorgibt, sie machen dabei den Fortgang des Geschehens und die Rhythmen bewusst, in denen sich die Natur beständig regeneriert: die Tageszeiten, die Mondzyklen, die Jahreszeiten. Die Verlässlichkeit der wiederkehrenden Lebenszyklen, die aus den Planetenbewegungen resultiert, wird somit zu einer erfahrbaren Ordnung, an die sich der Mensch halten kann, und zwar im Leben als Individuum ebenso wie im Kontext der gesellschaftlichen Ordnungen. Auch die biologischen Rhythmen des menschlichen Körpers, wie der Wach-Schlaf-Rhythmus, der Atemrhythmus, der Herzrhythmus, die Rhythmen des Stoffwechsels können als Zeitgeber für Rituale dienen. Solche Rituale bewusst mitzugestalten und an ihnen teilzunehmen, ist nicht nur befriedigend, weil sie auch gemeinschaftsstiftend wirken, sondern sie schaffen Sinn, weil der Mensch auf diese Weise aktiv am Kosmos, der großen Ordnung der Welt, teilhaben kann. Rituale, so können wir sagen, verbürgen Bedeutung – das einzelne Leben verschwindet nicht sang- und klanglos, wenn es im Ritual mitklingt durch einen je eigenen Ton, den der Einzelne hinzufügt.

Es ist hilfreich, die für unser Leben bedeutsamen Rituale gerade auch im Alter zu pflegen, wenn wir einsamer werden, weil die Kinder aus dem Haus und die Freunde schon gestorben sind. Es können ganz einfache Rituale sein, die religiöse Symbole verwenden oder auch nicht. Für den religiösen Menschen wird im Ritual das eigene Leben mit dem Urgrund des Lebens, mit Gott, anschaulich verbunden. Das ist eine starke Kraftquelle, Leiden und Einsamkeit zu ertragen. Religion ist der Trost der Leidenden, heißt es in Giuseppe Verdis Oper «La Traviata». Mehr noch, Religion zelebriert die großartigen, lichtvollen Stationen des Lebens, bindet sie in die gesamte Schöpfung ein und erfüllt sie so mit unendlicher Bedeutung. Im Ritual wird dies zum Erlebnis. Doch auch wer in diesem

Sinn nicht religiös ist, kann durch Rituale eine sonst kaum erreichbare psychische Stabilität aufbauen, allein durch die Wiederholung und Schönheit von rituellen Gesten und Symbolen. Wer etwa gewohnt ist, täglich morgens eine Kerze anzuzünden, den Duft des Kaffees oder Tees ganz bewusst wahrzunehmen und vielleicht den Tag mit einer Musik zu beginnen, hat sich schon ein Ritual geschaffen, durch das man nicht gehetzt in den Tag hineinstolpert, sondern ihn bewusst und vielleicht mit einem Gefühl von Dankbarkeit beginnt. Wichtig ist, dass es regelmäßig und immer in gleicher Form zelebriert wird. In einer Partnerschaft kann man beispielsweise einander Gedichte oder anderes vorlesen. Das gemeinsame Trinken eines Glases Wein nach vorherigem Anstoßen ist auch ein solches Ritual des bewussten und gemeinschaftlichen Genusses. Stirbt der Partner oder die Partnerin, kann das Ritual fortgesetzt werden («The same procedure as every year!»), als Erinnerung und Stärkung von Gemeinschaft über die Zeit hinweg. Auch das Betrachten von Bildern, ein regelmäßiger Spaziergang zu einer bestimmten Tageszeit, vielleicht zum Sonnenuntergang, vielleicht zu einem seit der Kindheit vertrauten Ort, gehören dazu. Rituale müssen nicht kompliziert sein, entscheidend sind die Wiederholung und die Regelmäßigkeit.

Selbstverständlich ist es hilfreich, auch die aktivierenden Rituale der Bewusstseinsschulung zu pflegen, also Meditation, Gebet und Visualisation. Hierzu zählt auch das Erinnern von Verfehlungen, wenn wir spüren, dass wir anderen Menschen nicht gerecht geworden und ihnen etwas schuldig geblieben sind. Steht hier noch ein «unfinished business» (Elisabeth Kübler-Ross) im Raum, ist es gut, dies aufzuarbeiten und Ungeklärtes zu bereinigen. Angesichts unserer Endlichkeit, mit Blick auf das Sterben und die Ewigkeit (*sub specie aeternitatis*), religiös gesprochen vor Gott, sind unsere kleinlichen Fehden – die manchmal Familien seit Generationen trennen – bedeutungslos. Dort, wo die Menschen noch leben, mit denen wir im Zwist sind, sollten wir uns um Versöhnung, gegenseitiges Vergeben, bemühen. Wenn dies in irgendeiner Weise noch möglich ist, sollte solche Klärung *sofort* vollzogen werden! Dort, wo dies nicht möglich ist, weil der andere Beteiligte bereits verstorben, dement geworden oder sonst nicht mehr erreichbar ist, kann der Ausgleich mental erfolgen. So kann man ein Bild des Betreffenden (innerlich oder äußerlich) nehmen, Worte der Versöhnung und des Friedens darüber sprechen, in Gedanken oder auch in Schriftform. Religiöse Menschen können sich bewusst machen, dass die Liebe Gottes, die von dem unendlichen Geheimnis «Gott» ausgeht und alle Menschen einschließt – auch die, die uns ferne sind oder zu denen wir deutliche Distanz verspüren –, uns zutiefst miteinander verbindet. Das konkrete Gefühl für diese allumfassende Liebe kann mit dem Atem, mit leuchtenden angenehmen Farben, mit inneren Bildern visualisiert und damit verstärkt werden.

Im Verlaufe des Lebens entwickeln wir unsere persönlichen Lebensrituale, manchmal aus Gewohnheiten heraus, manchmal durch bewusste Entscheidungen. Oft sind es Familienrituale, die von Kindern übernommen und an die nächsten Generationen weitergegeben werden. Nicht selten hängt dies mit der Art und Weise zusammen, wie die großen kollektiven Feiertage, etwa Weihnachten und Ostern, aber auch Geburtstage, zelebriert wurden. So entsteht ein Wir-Gefühl, Zugehörigkeit auch über lange Zeiten der Trennung und auseinanderstrebender Lebensläufe hinweg, die im Alter gern erinnert oder sogar wieder neu aufgenommen werden. So gelangt das Leben zu Kohärenz, es entsteht eine gewisse Sicherheit. Sie ist individualpsychologisch wie auch sozialpsychologisch wichtig für ein ausbalanciertes Lebensgefühl und psychosomatische Stabilität.

Auch in den letzten Lebensphasen, in denen Mobilität und Erinnerungsvermögen eingeschränkt sind und das Leben mühevoll geworden ist, können einfache Rituale weiter gepflegt werden, wobei es besonders wichtig ist, die Regelmäßigkeit beizubehalten. Selbst im Kranken- und Sterbebett ist die bewusste Praxis von Körperbewegungen möglich. Man kann den linken Fuß über den rechten legen und sich genau in diese Haltung einspüren, dann umgekehrt. Wenn dies aktiv nicht möglich ist, kann es von Pflegenden ausgeführt werden. Es kommt allein darauf an, jede noch so kleine Bewegung bewusst wahrzunehmen, mit dem Atem und mit der Aufmerksamkeit zu koordinieren. In der Meditations- und Yogapraxis ist das ohnehin eine Grundregel. Wer darin etwas Übung hat, dem wird es leichter fallen, dies auch auf dem Sterbebett zu praktizieren und möglichst regelmäßig in diese äußerlich kaum sichtbare, sehr wohl aber innerlich erlebte Praxis einzutreten. Sollte der sterbende Mensch dement sein, können Farben oder Klänge, auch Gerüche zu ihm durchdringen. Das innere Hören von Klängen (manchmal ganzer Lieder), die innere Wahrnehmung von Bildern, also Visualisierungen, die angenehm sind und freudvolle Erinnerung wachrufen, sind oft, wenn auch nicht immer, bis weit in den Sterbeprozess hinein möglich.

Wer in einem religiösen Umfeld lebt und mit diesbezüglichen Ritualen vertraut ist, kann hier auf die vorgegebenen Bilder, Lieder, Gebete, Geschichten, Verhaltensmuster und Rituale zurückgreifen. Doch immer mehr Menschen haben mit diesem Traditionsgut Probleme, weil sie es nicht mehr als authentisch empfinden beziehungsweise überhaupt nicht mehr oder nur oberflächlich kennengelernt haben. Vielleicht haben sie eigene Rituale entwickelt – entweder in völliger Abgrenzung zur Tradition oder auch, indem sie daraus das für sich in Anspruch nehmen, was für sie nachvollziehbar ist. Viele planen heute ihr eigenes Bestattungsritual im Voraus. Dies hängt mit dem Wunsch nach Autonomie zusammen, der sich nicht nur auf die medizinischen Behandlungsmöglichkeiten beziehungsweise auf den Verzicht von lebensverlängernden Maßnahmen bezieht, sondern auch auf Sterben und Bestattung ganz allgemein. Man möchte aufrichtig sein und nur das gelten lassen, was dem eigenen Empfinden oder dem der Angehörigen und Nahestehenden entspricht. Gleichwohl möchten Menschen in Würde bestattet werden und Rituale, die in ihren Lebenserfahrungen und Erwartungen gründen, für die eigene Bestattung auswählen. So gibt es professionelle Bestatter außerhalb der traditionellen religiösen Institutionen, die nicht nur entsprechende Reden halten, sondern auch Rituale anbieten. Auf die vielen Möglichkeiten können wir hier nicht eingehen, wollen nur darauf hinweisen, dass es durchaus beruhigend für den Sterbenden und Gemeinschaft stiftend für die Hinterbliebenen sein kann, rechtzeitig und in Ruhe über die Wünsche und Vorstellungen im kleinen Kreis zu sprechen. Wenn Ängste oder Widerstände spürbar sind, darf jedoch nichts erzwungen werden, von keiner Seite, da sonst Unruhe und Ängste verstärkt werden könnten.

Rituale benutzen Gegenstände oder Worte, Lieder und Mantras (kurze Sprüche oder Laute, die immer wiederholt werden) als Symbole. Die klassischen religiösen Symbole im Christentum sind das Kreuz, die Heilige Trinität in bildlicher oder geometrischer Darstellung (Dreieck) mit dem Auge Gottes, der Strahlenkranz des Auferstandenen, die Hostie und so weiter. Der Umgang mit solchen Symbolen ist für den Gläubigen selbstverständlich, und deshalb müssen sie hier nicht erneut besprochen werden. Wer aber Distanz zu dieser Tradition empfindet, kann dennoch auf Symbole zurückgreifen und dieselben visualisieren und/oder darüber nachdenken und diese Symbolik auch für die Gestaltung der Trauerfeier und des Grabes wünschen. Auch hier ist es gut, wenn man sich schon früh, bei vollem Bewusstsein, mit entsprechenden Angeboten auseinanderzusetzen beginnt. Wichtig ist, dass Symbole gewählt werden, die den Sterbenden innerlich ansprechen und die mit positiven Assoziationen verbunden werden. Ich möchte an dieser Stelle einige Anregungen geben, die natürlich ergänzt oder ersetzt werden können durch das, was zum jeweils *Eigenen* des betreffenden Menschen geworden ist:[15]

Baum Der Baum erstreckt sich zum Himmel und gründet tief in der Erde. Er verbindet oben und unten, das Leichte und das Schwere, das Helle und das Dunkle, das Männliche (Himmel) und das Weibliche (Erde). So ist der Baum Symbol für die Verbindung der Gegensätze in einem Prozess des langsamen Wachsens. Der Baum ist Symbol des unzerstörbaren Lebens, denn er wirft im Herbst die Blätter ab, um im Frühjahr zu neuem Leben zu erwachen. Die Früchte des Baumes spenden Leben im geistigen (Erkenntnis) und körperlichen (Fruchtbarkeit) Sinn. Bäume sind die ältesten Lebewesen auf der Erde, einige werden 1000 bis 2000 Jahre alt. So steht der Baum für die Unzerstörbarkeit und Erneuerbarkeit des Lebens durch allen Wandel hindurch.

Ähre Die Ähre spendet die Grundnahrung für viele Völker der Welt. Sie ist Ausdruck der Lebenskraft schlechthin. Im alten Griechenland, in Ägypten und im Christentum wurde der Zusammenhang von Leben und Sterben durch die Ähre symbolisiert: Die Saat des Weizens muss in das «Grab» der Erde gelegt werden, sterben und sich verwandeln, um eine neue Pflanze, die schließlich Früchte tragen wird, hervorzubringen. Zwischen der Saat und dem neuen Spross gibt es eine enge Verbindung, da sich das in der Saat Verborgene entfaltet, und doch ist es eine neue Pflanze, die aus dem Keim wächst. So auch der Mensch: Der alte Mensch stirbt, und über den Tod hinaus gibt es eine Kontinuität zu neuem Leben in einer anderen Dimension der Wirklichkeit.

Blume Die Blume ist in ihrer zarten und zerbrechlichen Schönheit Symbol für die Vergänglichkeit. Gerade die kurze Zeit der Blüte lässt ihre Kostbarkeit umso deutlicher hervortreten. Die Blüte öffnet sich den Sonnenstrahlen und hält ihnen stand, um sich öffnen zu lassen. So auch der Mensch: Er möge sich für die Strahlen der göttlichen Liebe öffnen, um lebendige Geisteskraft zu empfangen, zu erblühen und in Schönheit zu erstrahlen. Die Kürze des Lebens nimmt ihm nichts von seiner einmaligen und wunderbaren Lebenskraft. Das Symbol der Blume lehrt: Lebe im Jetzt, denn die Blüte ist schnell dahin.

Knospe – Blüte Die geschlossene Knospe und die geöffnete Blüte verweisen auf zwei Phasen im menschlichen Leben und auf zwei Grundhaltungen des Menschen. In der Knospe liegt die Entfaltung noch verborgen, neues Leben kündigt sich an. Durch die Strahlen der Sonne, die die göttliche Kraft symbolisieren, wird das Leben zur Blüte gebracht. Die geöffnete Blüte verströmt den betörenden Duft der Schönheit des Lebens. Aus ihrer Bestäubung wird eine neue Frucht entstehen, die den

Kreislauf des Lebens fortsetzt. Das Werden und Vergehen garantiert den Fortgang des Lebens, der kein Ende hat.

Blaue Blume Die blaue Blume war das Symbol der Sehnsucht in der romantischen Dichtung. Sie ist die unerreichbare Vollkommenheit des Lebens, die als Traum vor uns steht und unsere Phantasie beflügelt. Aus dieser Phantasie wird die schöpferische Kraft der Poesie geboren. Sie erlaubt die geistige Vorwegnahme der Erfüllung des Lebens, die in der Harmonie, der Schönheit und der Lebendigkeit besteht, die in sich zu entwickeln jeder Mensch berufen ist. Die Sehnsucht gestaltet in uns eine ewige geistige Kreativität, die über den zeitlichen und vergänglichen Leib hinausweist.

Efeu Der Efeu ist eine immergrüne Pflanze. Das Erstarren des Lebens im Winter kann ihm nichts anhaben. Er rankt sich in seinem Wachstum um andere Pflanzen und wird damit zu einem Symbol der Gemeinschaft, der unbeirrbaren Freundschaft und der Gegenseitigkeit allen Lebens. Gleichzeitig steht er für die Unzerstörbarkeit der Lebenskraft, die in allem Wandel erhalten bleibt. In seiner anmutigen Form ist der Efeu auch ein Zeichen der Biegsamkeit und Anpassung an die Gestaltungen des Lebens.

Ginkgo Der Ginkgo-Baum zählt zu den ältesten Lebewesen auf der Erde und gilt als «lebendes Fossil», denn diese Art reicht als einzige 100 Millionen Jahre in die Erdgeschichte zurück. Der Ginkgo ist darum Symbol für langes Leben. Der Baum widersteht Kälte ebenso wie Trockenheit und Luftverschmutzungen, er gedeiht auf kargen Böden und steht damit für die Unzerstörbarkeit des Lebens. Er kam im 18. Jahrhundert aus Japan nach Europa, und sein fächerförmiges Blatt erinnert an den Reiz und die anmutige Schönheit dieser fernöstlichen Kultur. Das zweilappige Blatt symbolisiert die Polarität von Leben und Tod, die «zwei Seelen in meiner Brust», die Einheit zweier Liebender einerseits und die Vielgestaltigkeit der lebendigen Wesen, der eine geheime Einheit zugrunde liegt, andererseits, wie Goethe in seinem berühmten Ginkgo-Gedicht im «West-Östlichen Divan» sagt.

Kreuz Die geometrische Gestalt des Kreuzes verbindet die vier Himmelsrichtungen. Oben und unten, links und rechts sammeln sich in einem zentralen Punkt. So steht das Kreuz für die Konzentration der Kräfte in einem Zentrum, von dem aus die Geometrie des Himmels und der Erde aufgespannt und zusammengehalten wird. Im Christentum steht das Kreuz für den mitleidenden Gott, der aus Barmherzigkeit den Schmerz der Welt auf sich nimmt und überwindet. In der Nacht des Todes steht Gott dem Menschen ganz nahe, damit der Mensch am Morgen der Auferstehung in Gemeinschaft mit Christus seine Vollendung finden kann.

Lilie Die Lilie ist ein Mariensymbol, Maria als Symbol der Hingabe und Empfänglichkeit: Wer sich in vollkommener Reinheit und Bereitschaft dem Geist Gottes öffnet, kann Gott selbst in sich gebären. Die Lilie verbindet makellose Reinheit mit dem anmutigen Emporstreben in geistiger Klarheit. In ihr wird das Mysterium des Lebens und Sterbens angeschaut: In der Verwandlung des Irdischen in das Geistige findet der Mensch, der von Gott erfüllt wird, die Bestimmung seines Lebens. Das Irdische und das Himmlische haben einander durchdrungen und neues gott-menschliches Leben hervorgebracht.

Samenkorn Das Samenkorn ist der Anfang allen Lebens, in dem, noch nicht sichtbar, schon die ganze Fülle der Pflanze und reifen Frucht keimhaft enthalten ist. Das Samenkorn ist damit Symbol der Hoffnung, dass sich das, was im irdischen Leben angelegt ist, in der Entfaltung später kommender Gestaltgebung vollenden wird. Das Samenkorn lässt seinen Spross durch dichtes Gestein und harten Boden hindurchwachsen. So geht der Mensch durch die Verwandlung des Todes hindurch zu neuen Höhen der Gestaltung in der Entwicklung alles Lebendigen.

Schmetterling Der Schmetterling entsteht aus der Verwandlung der Raupe, die zur Puppe wird, um dann schließlich als Falter in aller Farbenpracht und vielfältiger Gestalt eine Lebensform anzunehmen, die in der Raupe angelegt, aber noch nicht sichtbar war. So verwandelt sich das Leben durch die Nacht des Todes hindurch zu einer Gestalt, die im irdischen Leib schon angelegt, aber noch verborgen ist. Der Gestaltwandel des Lebens (Metamorphose) verlangt, die einmal gefundene Form aufzulösen und sich der Neugestaltung zu öffnen. So kann der Mensch den Tod als Verwandlung annehmen und sich der schöneren Neugestaltung vertrauensvoll öffnen.

Sonne Die Sonne ist Quelle aller Energie, des Lichtes und des Lebens. Schon in alten Kulturen wurden das Licht des kosmischen Geschehens und das Licht des inneren Lebens, das Erkenntnis gewährt, als zwei Seiten einer Sache angesehen. Die Sonne spendet also Licht und Erleuchtung. Sie lässt alles Leben entstehen und verbrennt es wieder, damit es verwandelt in neuen Gestalten erstehen kann. Die Sonne vertreibt die Nacht der Finsternis und damit alle Furcht und das Verderben.

So wie die Sonne am Abend untergeht und in der Nacht verschwindet, um am nächsten Morgen neu aufzugehen, so geht der Mensch am Abend des Lebens durch die Nacht des Todes hindurch, um am Morgen des Neubeginns einem neuen Zyklus des lichtvollen Lebens entgegenzureifen.

Spirale Alles Leben entsteht und vergeht in Kreisläufen, angefangen von den Planetenkreisläufen über die Zyklen der Jahreszeiten und die rhythmischen Lebensprozesse des Werdens, Vergehens und Neuwerdens. Anders als der Kreis, der zum Ausgangspunkt zurückkehrt, symbolisiert die Spirale in ihrer Bewegung Aufwärtsentwicklung. Jeder Kreislauf führt auf eine höhere Stufe der Evolution, um mit neuer Gestaltungskraft immer höher zu streben. Dabei entwickelt sich die Spirale in einer vollendeten Linie, die nie zum Stillstand kommt. So auch das menschliche Leben, das durch den Wandel des «Stirb und werde» hindurchgeht und zu immer höheren Formen gelangt. Tod und Neugeburt sind Phasen in einem immerwährenden Prozess.

Taube Die Taube ist Symbol der Versöhnung zwischen Gott und Mensch. Denn nach den Verwüstungen einer Sintflut, von der in vielen alten Kulturen erzählt wird, war sie es, die den ersten Ölzweig mitbrachte als Zeichen neuen Lebens und eines Neuanfangs zwischen Gott und Mensch. Im Hohen Lied Salomos steht sie auch für weibliche Schönheit. Seit alters wird der Geist Gottes, der bei der Taufe Jesu herabschwebt, als Taube dargestellt. Die Taube symbolisiert den Frieden zwischen Gott und Mensch, der sich über die ganze Welt ausbreitet und ein neues Leben in Anmut, Harmonie und Fruchtbarkeit ermöglicht.

Tor So wie die Geburt durch die enge Pforte des weiblichen Schoßes geschieht, muss der Mensch durch das enge Tor des Todes hindurch zu neuem Leben geboren werden. Die Pforte ist geöffnet, aber nur in Achtsamkeit und geistiger Klarheit kann der Weg zum Licht gefunden und beschritten werden. Das Tor symbolisiert die Situation der Schwelle oder des Übergangs: Aus dem Zustand der Finsternis kann der Schritt zur anderen Seite ins Licht gegangen werden. So wie sich für Adam und Eva die Pforten des Paradieses verschlossen haben, öffnet sich das Tor des Himmels für den Menschen, der durch den Tod hindurch zu einer neuen Existenz gelangt.

Wasser Alles Leben kommt aus dem Wasser, und ohne Wasser kann kein Lebewesen existieren. Das Wasser belebt und reinigt. In ihm vergnügen wir uns zur Erfrischung des Leibes und des Geistes. Das Wasser ist als Fruchtwasser das Element der Geburt und des neuen Lebens. Das unendlich weite Wasser des Meeres ist auch ein Symbol für das Bewusstsein: Die gekräuselte Wasseroberfläche entspricht den alltäglichen Gedanken, die Tiefenschichten des Wasser dem Unterbewussten und der ruhige Grund des Meeres dem Bewusstseinsgrund, aus dem alles Geistige kommt. Wasser gilt, wie auch das Feuer, als Element der Prüfung, durch die der Mensch auf seinem Lebensweg hindurchgehen muss, um zu seiner geistigen Bestimmung zu reifen. Das Wasser ist somit Symbol für Reinigung, Erneuerung und geistiges Erwachen. Es ist ein Zeichen für die Neugeburt, die demjenigen zuteilwird, der durch den Tod hindurch Reinigung und Erneuerung erfährt.

Rituale und Symbole begleiten und gestalten das Leben, sie können auch das Sterben prägen und ihm Bedeutung geben.

Wichtig ist, dass sie bewusst und mit Aufmerksamkeit vollzogen werden, regelmäßig und genau. Je intensiver man sich seinem eigenen, mit Sorgfalt gewählten Ritual widmet, umso mehr kann es zu innerem Frieden und einer Harmonisierung mit der Mitwelt beitragen. Dabei kann man auch lernen, das eigene Sterben und den Tod anzunehmen.

Übungen

Die folgende Übung fußt auf den neun Betrachtungen Atishas, eines indischen Gelehrten und Meditationsmeisters aus dem 11. Jahrhundert, der vor allem in Tibet gewirkt und den tibetischen Buddhismus erneuert hat:

Setzen Sie sich in eine bequeme Haltung oder liegen Sie so komfortabel wie möglich, ohne Ablenkung. Konzentrieren Sie sich auf den Atem, der immer gleichmäßiger werden sollte. Achten Sie auf eine ruhige Umgebung und eine angenehme Atmosphäre. Zünden Sie eine Kerze an oder Räucherwerk, stellen Sie vielleicht eine Blume vor sich oder einen Gegenstand, der in Ihnen Freude weckt. Es ist gut, wenn Sie in sich eine gelassene und selbstverständliche Ruhe aufsteigen lassen.

1. Fassen Sie zuerst den Gedanken: «Der Tod ist unausweichlich.» Keiner weiß, wann er kommt, aber er kommt gewiss. Blicken Sie dieser Tatsache fest ins Auge und verbinden Sie diese Vorstellung mit gleichmäßigem Atmen. Der Gedanke «Tod» steht vor Ihnen, und der Atem kommt und geht. Sie spüren diese Atembewegung und den unausweichlichen Gedanken an den Tod gleichzeitig.

2. Bedenken Sie nun den Satz: «Mein Leben wird mit jedem Atemzug kürzer.» Der Tod steht in der Ferne vor Ihnen, und mit jedem Atemzug bewegen Sie sich langsam auf ihn zu. Das geschieht ohne Aufregung, ganz natürlich. Die Bewegung hat nichts Spektakuläres, aber sie wird immer deutlicher spürbar, je mehr Sie sich darauf konzentrieren.
3. Bedenken Sie nun: «Der Tod kommt auf mich zu, ganz unabhängig davon, ob ich darauf vorbereitet bin oder nicht.» Machen Sie sich klar, dass dies eine Tatsache ist. Sie muss aber keineswegs bedrohlich sein. Sie können in diesem Augenblick beginnen, sich auf den Tod vorzubereiten. Wie? Indem Sie ihm ins Auge sehen und spüren, dass Ihre Atembewegung diesen Gedanken durchdringt. Sie ist und bleibt unverändert bei Ihnen.
4. Bedenken Sie nun: «Der Tod kann jederzeit kommen.» Wir leben zwar meist so, als wäre er noch weit, weit entfernt, und denken nicht daran oder verdrängen ihn auch. Und so erfasst uns jede Nachricht vom vorzeitigen Tod eines nahestehenden Menschen wie ein Blitz und ruft einen Schock hervor, nicht selten auch Angst. Theoretisch wissen wir natürlich: Das Leben hängt jederzeit an einem seidenen Faden. Das Zerplatzen einer kleinen Ader im Gehirn oder im Kreislaufsystem kann den Tod bedeuten. Ein Unfall kann uns das Leben rauben. Aber meist erst unter einem Schockerlebnis wird aus dem «Wissen» ein unmittelbares Erleben, das uns aufwühlt. Es sollte uns nachdenklich machen. So erst wird das Denken an den Tod im Jetzt unseres Lebensgefühls präsent.
5. Machen Sie sich nun klar, dass der Tod viele Ursachen haben kann. Eine Krankheit, ein Unfall, ein plötzlicher Herzstillstand, Gewalteinwirkung von außen – all dies kann zum Tod

führen. Jeder Atemzug ist ein Geschenk. Nutzen wir es. Überlegen Sie, wie Sie in der Ihnen gegebenen Zeit gut leben können, damit die verbleibende Lebenszeit erfüllt wird. Folgen Sie dabei dem, was Ihr innerster Impuls ist. Wagen Sie, sich vorzustellen, wie Sie Ihr Leben bewusst gestalten können. Wenn Sie krank im Bett liegen, ist das auch möglich. So können Sie den Pflegern, die sich um Sie kümmern, oder den Besuchern ein dankbares Wort schenken oder einen freundlichen Blick gewähren. Es kommt nicht darauf an, wie viel Sie geben, sondern darauf, dass Sie dies mit ganzem Herzen tun.

6. Werden Sie sich darüber klar, dass Ihr Körper verletzbar ist. In dem zerbrechlichen Netz von Körperfunktionen hängt alles miteinander zusammen: die Herzpumpe, das Kreislaufsystem, das Stoffwechselsystem, das Atemsystem, das Immunsystem, das Lymphsystem. Auch die Fähigkeit der einzelnen Organe, Gewebeteile, Muskeln und Gelenke, Bewegungen ausführen zu können, ist lebenswichtig. Und all dies ist neuronal gesteuert. Es ist ein hochkomplexes System, an dem Milliarden von Zellen beteiligt sind. Die kleinste Störung kann das System zusammenbrechen lassen – spüren Sie in den Atemrhythmus hinein und empfinden Sie, wie der Atem von ganz alleine kommt und geht und das System aufrechterhält.

7. Im Sterben werden die eben genannten körperlichen Funktionen schwächer, die Energie wird zurückgezogen, die Lebensvorgänge reduzieren sich, bis sie irgendwann ganz aufhören. Bedenken Sie, dass jede Art von Besitz in dieser letzten Phase des Lebens völlig wertlos ist, materieller Besitz ohnehin. Aber auch geistiger Besitz, all das Wissen oder der Ruhm, den Sie vielleicht angesammelt haben, Ihre Erfolge, sie sind hier nichtig. Was zählt, sind Ihre innere Ruhe und die

Fähigkeit, sich dem Geschehen anzuvertrauen, sich zu überlassen, loszulassen. Was zählt, sind die menschlichen Beziehungen, die Freundschaft und Liebe zu den Menschen, die in Ihrem Gedächtnis auftauchen oder die neben Ihnen im Raum sitzen und bei Ihnen sind, im Leben und im Sterben.

8. Machen Sie sich nun klar, dass Sie auch diese Menschen im Sterben verlassen werden, dass Sie den letzten Weg allein gehen. Worauf können Sie sich nun verlassen? Sind Sie wirklich ganz und gar verlassen?
9. Finden Sie sich damit ab, dass auch Ihr Körper keine verlässliche Stütze mehr ist. Der Körper ist schwach und zerbrechlich geworden. Vielleicht sendet er Schmerzsignale aus, die zwar mit Medikamenten gedämpft oder völlig ausgeschaltet werden können, aber das ändert nichts daran, dass der Körper, in dem Sie sich bisher gespürt und ein Zuhause gehabt haben, der Ihr Gefühl «Ich bin ich» unterstützt hat, nun nicht mehr helfen kann. Sie sind aber nicht allein. Ihr Atem ist bei Ihnen im Leben und im Sterben, bis der Tod eintritt. Der Atem durchpulst Sie, was immer sonst geschieht. Beobachten Sie ihn genau. Denn das ist auch bei Ihnen geblieben: Ihre Aufmerksamkeit auf ebendiesen Moment jetzt. Sie war da – bei allen neun Betrachtungen. Sie ist da, auch wenn Sie die Glieder nicht rühren können. Die Aufmerksamkeit im Atem und der Atem in der Aufmerksamkeit.

9. Der Sterbeprozess

Im Folgenden betrachten wir den Sterbeprozess primär aus spiritueller, nicht aus medizinisch-physiologischer Perspektive. Die geistigen Phänomene sind subjektiv und repräsentieren eine «Innenperspektive», die nur sehr schwer von außen erfassbar ist. So sind wir bei einer spirituellen Betrachtungsweise auf Berichte angewiesen, die das subjektive Erleben einzelner Menschen widerspiegeln. Das sind vor allem Nahtoderlebnisse und Erfahrungen aus Bewusstseinszuständen während der Meditation sowie Erlebnisse, die sterbende Menschen selbst mitgeteilt haben.

Die Grundeinstellung der modernen westlichen Medizin ist materialistisch und tendiert dazu, Bewusstseinsphänomene auf chemische Parameter (wie etwa die Sauerstoffkonzentration im Blut und/oder biochemisch induzierte synaptische Prozesse im Gehirn) zu reduzieren. Die biologisch und medizinisch greifbaren Phasen des Sterbens sind in der diesbezüglichen Literatur vielfach beschrieben worden.[16] Allerdings sind die Abweichungen bei den Zeitphasen so gravierend, dass von einem klar bestimmbaren Ablauf der Sterbeprozesse keine Rede sein kann, abgesehen davon, dass zum Beispiel ein plötzlicher Tod bei Herz-Kreislauf-Erkrankungen, bei toxischen Reaktionen oder auch bei einem Unfall so schnell eintreten kann, dass auch aus diesem Grunde eine generelle Einteilung in Phasen des Sterbens nur schwer möglich ist. Dennoch sind einige Merkmale zumindest bei längeren Sterbeprozessen charakteristisch:

1. Nicht selten bereits Wochen oder zumindest einige Tage vor dem Tod spüren Sterbende größere Schwäche und Müdigkeit als üblich, damit geht oft eine deutlich sichtbare Abmagerung einher. In späteren Phasen kann die Kontrolle über Ausscheidungsfunktionen verloren gehen; Atemnot, Angstzustände, Übelkeit, geringer Appetit sowie totale Essensverweigerung sind häufige Symptome. Durst bleibt fast immer bestehen, er kann aber schon mit kleinsten Flüssigkeitsmengen oder Befeuchtung der Lippen gestillt werden.
2. Häufig entwickeln Sterbende eine erhöhte Sensibilität gegenüber optischen und akustischen Reizen, schon leichte Berührungen können als schmerzhaft empfunden werden. Auch Unruhe und Verwirrtheit können deutliche Anzeichen dafür sein, dass das Bewusstsein in andere Zustände eintritt. In der letzten Phase des Sterbens kommt es zum Versagen einzelner Organe, insbesondere die Nierenfunktion lässt nach. Schließlich kann es zu multiplem Organversagen kommen. Der Blutdruck fällt ab, und der Puls wird schwächer, die Durchblutung von Armen und Beinen verringert sich, es kommt zur Verfärbung der Haut.
3. Sehr häufig tritt der sterbende Mensch in veränderte Bewusstseinszustände ein, oft treten Halluzinationen auf, die sowohl mit Angst als auch mit Glücksgefühlen verbunden sein können. Untrügliches Anzeichen der letzten Phase des Sterbens ist die veränderte Atmung. Sie wird schwerer, Sterbende atmen meist durch den Mund, was zur Austrocknung

der Schleimhäute führt und guter Mundpflege bedarf. Es kommt zu der charakteristischen Rassel- und Schnappatmung. Die Haut wird wachsartig bleich.

Dennoch gilt: Jedes Sterben ist anders, auch wenn physiologische und psychologische Muster zu beobachten sind, die in allen Kulturen mit nur geringen Varianten beschrieben werden. Hierbei sind einige Aspekte dieser «Phasen des Sterbens» gleich oder zumindest ähnlich, andere hingegen werden von Erwartungen bestimmt, die kulturspezifisch sind. Elisabeth Kübler-Ross (1926–2004) war eine der ersten Autorinnen, die auf der Basis langjähriger Beobachtung solche Muster beschrieben und geordnet haben. Auch Nahtoderfahrungen, die aufgrund der Fortschritte in der Medizin bei Reanimationen immer häufiger berichtet werden, haben Erfahrungswissen in Bezug auf diese oft unbekannten Dimensionen des Erlebens am Ende des Lebens erbracht. Es handelt sich dabei jedoch um Wissen nicht über den Tod (und was vielleicht danach ist), sondern um Phasen des Sterbeprozesses. Menschen, die zurück ins Leben gekommen sind, waren nicht tot. Aber das, was sie berichten, gibt Einblicke in Erfahrungen des Bewusstseins, die eine nicht geringe Anzahl von Menschen am Ende des Lebens machen. Interessant ist, dass solche Prozesse auch Parallelen aufweisen zu den Phasen eines Bewusstseins, das durch Meditation in veränderte Bewusstseinszustände der Versenkung gelangt. Nahtoderfahrungen sind für die betreffenden Menschen oft von einschneidender und erschütternder Tiefe, so dass sich danach das gesamte Leben verändert. Meist sind sie mit der Erscheinung eines hellen, weißen Lichtes verbunden und einem Sog durch den Lichttunnel in andere Zustände. Der Betreffende hat das Gefühl, außerhalb des eigenen

Körpers zu sein und diesen von außen wahrzunehmen, nicht selten begegnen ihm vertraute und liebe Menschen (Verwandte oder religiöse Heilsfiguren), die ihn abzuholen scheinen; dies ist mit einem Wiedererkennen verbunden, das zu Geborgenheit und Wohlbefinden führt. Oft ist ein solches Erleben mit einem intensiv erlebten Rückblick auf das gesamte Leben verbunden. Schließlich kommt es zu einem tiefen Glücksgefühl, der Aufforderung zur Rückkehr in den Körper folgt der Betreffende meist nur mit Bedauern oder gar Widerwillen. Es werden bei Nahtoderlebnissen jedoch auch Erfahrungen von Horror und Angst beziehungsweise wüstenähnlicher Einsamkeit berichtet.

Nirgends sind derartige Erfahrungen so detailliert beschrieben worden wie in dem sogenannten Tibetischen Totenbuch.[17] In vereinfachter Form ist es heute nicht selten zu einem «Standardmodell» geworden, an dem sich Menschen aus ganz unterschiedlichen Kulturen orientieren, und schon aus diesem Grund ist es notwendig, dass wir zumindest einige Grundzüge daraus erörtern. Auch wenn viele Details kulturspezifisch sind und den jeweiligen Erwartungen entsprechen, gibt es doch eine verblüffende Ähnlichkeit dieser Beschreibungen mit Nahtoderlebnissen, wie sie heute weltweit erforscht werden, und mit Erlebnissen, die in der Meditation als veränderte Bewusstseinszustände auftreten, zum Beispiel die Stufen, in denen sich die Sinnesempfindungen von außen nach innen zurückziehen, die Ausdehnung der Wahrnehmung in einen weiten Raum und vor allem die Zeitempfindung, die durch eine Dehnung der Zeit völlig verändert wird. Man kann dies durch kontinuierliche Meditationspraxis willentlich intensivieren, damit das, was im Sterbeprozess unwillkürlich geschieht, wiedererkennbar ist.

Auf dieser Grundlage wird die Sterbebegleitung im Tibetischen Buddhismus praktiziert: Ein Lama sitzt als Begleiter am Lager des Sterbenden und trägt diesem die inneren Bilder, die ihm mutmaßlich in diesem Augenblick erscheinen, in Worten aus dem Tibetischen Totenbuch vor, was jedoch nur dann Sinn ergibt, wenn der Betreffende durch lange Übung diese Bilder kennt und wiedererkennt. Die daraus erwachsende Vertrautheit ist genau das, was in dem Bewusstsein des Sterbenden wachgerufen werden soll als Mittel gegen angsterfüllte Einsamkeit. Der Sterbeprozess dauert nach tibetischen Vorstellungen wesentlich länger, als dies in unserer Kultur vermutet wird, der Sterbende wird also weiter begleitet in Phasen, in denen er nach westlichen Vorstellungen bereits gestorben ist.

Wenn wir im Folgenden die Beschreibungen des Sterbeprozesses näher betrachten, wie sie in der tibetischen Kultur überliefert sind, heißt dies aber nicht, dass es sich hier um das einzig gültige Modell handeln würde. Die Phasen des Sterbens können auch ganz anders verlaufen, und wie bereits erwähnt, spielen kulturelle Erwartungen wohl eine erhebliche Rolle bei der konkreten Ausformung der inneren Bilder und Gedanken, die dem Sterbenden zuteilwerden. Noch wissen wir zu wenig über diese Zusammenhänge, um begründete Schlussfolgerungen ziehen zu können. Allgemein und durchaus mit Erfahrungen in säkularen Kontexten westlicher palliativer Praxis vergleichbar kann aber gelten: Sterben ist ein Rückzug aller Lebenskräfte in ein Zentrum, das meistens in der Herzgegend lokalisiert wird. Dies wird deutlich erkennbar am Rückzug des Atems: Der Atem wird zunehmend feiner, und kurz vor Eintritt des Todes verändert er sich erneut und wird rasselnd. Aber noch immer ist Lebenskraft da, die sich allerdings nicht mehr ausgreifend zur Umgebung hin darstellt, sondern eher nach innen zurückzieht und allmählich versiegt.

Im tibetischen Buddhismus werden ganz allgemein sechs Phasen der Bewusstseinsentwicklung des Menschen unterschieden, die sogenannten Bardos:[18]

1. das gewöhnliche Tagesbewusstsein, 2. das Traumbewusstsein, 3. das Bewusstsein in meditativer Versenkung, 4. das Bewusstsein im Sterben und im Tod, 5. das Bewusstsein des Wiedererwachens im Zwischenzustand, 6. das Bewusstsein der Wiedergeburt.

Für die Betrachtung des Sterbeprozesses sind vor allem die letzten drei Bardos wichtig. Im *vierten* Bardo, dem Zustand des *Sterbens* und des *Todes* (*chos nyid*, gesprochen: *chönyi*), dessen Dauer meistens mit drei oder dreieinhalb Tagen angegeben wird, löst sich das Bewusstsein allmählich von den körperlichen Funktionen ab. Dies gilt als der eigentliche Prozess des Sterbens, dessen acht Phasen unten ausführlicher dargestellt werden. Der Bardo des *Sterbens* gilt als Endphase des Lebensprozesses, die gleichwohl als «Durchgang» zu weiteren Phasen erkannt werden soll. Im Verlauf dieser Phase gelangt das Bewusstsein an einen Scheidepunkt, der von Menschen aufgrund ihrer Individualität sehr unterschiedlich erlebt wird; wie genau, hängt wesentlich von den Erwartungen ab. Diese wiederum sind bestimmt von früheren Eindrücken und erinnerten Inhalten. Wer also mit dem «Totenbuch» vertraut ist, erwartet anderes als Menschen, die unvorbereitet oder mit undefinierten Ängsten in den Sterbeprozess eintreten. So heißt es, dass ein durch Unwissenheit verunreinigtes Bewusstsein, verursacht durch das Trauma des Todes, in eine Bewusstlosigkeit fällt, die längere Zeit anhält, während ein in Meditation geschultes Bewusstsein nach kurzer Bewusstlosigkeit in äußerst subtiler ruhiger Bewusstheit verharren und ein «Aufschimmern» der tieferen Bewusstseinsebenen wahrnehmen kann.

Damit deutet sich schon der Übergang zum *fünften* Bardo an, dem Bardo des *Wiedererwachens* (*srid pa*, gesprochen: *sipa*). Er tritt gewöhnlich 49 Tage nach dem Tod ein. Die in diesem Zustand beschriebenen Bewusstseinsphänomene gelten als nicht mehr an den grobstofflichen Körper gebunden, der dann längst bestattet ist. Das Wiedererwachen kommt der tibetischen Überlieferung zufolge dadurch zustande, dass sich die diffusen Bewusstseinsenergien zu Lichtbündeln (tibet. *thig le*) sammeln und zu Wahrnehmungen verdichten, die nach dem Ordnungsprinzip der formativen Kraft karmischer Eindrücke gestaltet werden. Man hat in diesem Stadium des Sterbens dualistische Erfahrungen der eigenen Bewusstseinspotentiale, diese können friedvoll und hell wie das Sonnenlicht sein oder auch dunkel, zornig und bedrohlich. Im ersten Fall hat man Visionen der friedvollen, im zweiten Fall der zornigen Gottheiten, wie sie strikt standardisiert in tibetischen Schriften beschrieben und in der Malerei dargestellt werden. Diese Visionen lösen erneut Bewusstseinsreaktionen aus, die von Annahme oder Abwehr bestimmt sind; das heißt, das Bewusstsein verstrickt sich erneut in die Unterscheidung von «Ich» und «Dinge», die aufgrund früherer Erfahrungen als «angenehm» oder «unangenehm» bewertet werden, es orientiert sich also an dem, was es kennt. Meistens wird das Bewusstsein in dieser subtilen Wahrnehmung des *Übergangs* von materiellen Strahlungen aus niedrigeren Bereichen angezogen, so dass es nun im sechsten Bardo wiedergeboren wird.

Der *sechste* Bardo ist der Bardo der *Wiedergeburt* (*skye gnas*, gesprochen: *schene*). Das bedeutet, dass sich um das aktiv gewordene Bewusstsein herum, gleichsam wie eine Hülle, der neue materielle Körper aufgrund der genannten Einprägungen entwickelt. Auch dieser Prozess läuft unwillkürlich ab, das heißt, die durch Einprägungen geformten Potentiale (Karma) reifen selbständig zu neuen Formen. Der (wiedergeborene) Körper ist also eine (scheinbar) feste, konkrete Projektion des Bewusstseins. Die Art der Wiedergeburt entspricht den vom Karma her bestimmten Dispositionen, erfolgt also in einem der sechs Daseinsbereiche, die das tibetische Lebensrad (Sanskrit *bhavacakra*) anschaulich darstellt: Bereich der göttlichen Wesen (*deva*), Bereich der Dämonen (*asura*), Bereich der Menschen, Bereich der Tiere, Bereich der Hungergeister (*preta*), und Bereich der Höllenwesen. Das Bewusstsein «sucht» sich den Bereich, das seiner Qualität entspricht, damit es dementsprechend seine unerfüllten karmischen Potentiale ausleben kann. Der Bereich der Menschen ist ambivalent: Einerseits ist er durch Verblendung und Torheit (*avidya, moha*) gekennzeichnet, andererseits besteht aber hier, und nur hier, die Freiheit, alle Verstrickungen zu überwinden und zur Erkenntnis beziehungsweise Weisheit (*prajna*) zu gelangen. Vollkommene Erkenntnis und Weisheit, die Überwindung aller Begierden und unerfüllten Wünsche, die vollkommene Bewusstseinsruhe ist das Nirvana. Ist dieser Zustand erreicht, der eigentlich gar kein «Zustand» ist, denn ihm können keine differierenden Eigenschaften zugeschrieben werden, gibt es keine Wiedergeburt mehr. Das Bewusstsein ist in vollkommenem Frieden.

Während des Sterbeprozesses treten Visionen und Phantasien auf, die als glückvoll und angenehm oder schrecklich und angstbesetzt erlebt werden. Wenn ein wissendes Bewusstsein erkennt, dass diese friedvollen oder schrecklichen Erscheinungen nicht von außen kommen, sondern Projektionen des eigenen Bewusstseins sind, gelangt es zur Ruhe, denn es reflektiert, dass der Erkennende und das Erkannte, wie es heißt, ein und dasselbe sind. Dann erst kann letztendlich der Geist des Klaren

Lichtes (tibet. *'od gsal*) beziehungsweise das Wesen der Wirklichkeit (Sanskrit *dharmata*) geschaut werden; das Bewusstsein kann nun in die letztgültige Vollendung eingehen.

Wir wollen die einzelnen Phasen des Sterbeprozesses nach tibetischer Überlieferung nun genauer beschreiben. Es handelt sich, wie bereits angedeutet, um die sukzessive Ablösung des subtilen Körpers vom materiellen Körper, wobei sich am Schluss alle Energien an einem einzigen Punkt (in der Herzgegend) sammeln; dies löst die Schau des «Klaren Lichtes» aus. Das Klare Licht gilt als der letzte Grund aller Wirklichkeit, es nimmt im tibetischen Buddhismus die Stelle ein, die in anderen Religionen «Gott» oder «der göttliche Geistgrund» genannt wird. Der Tod bedeutet die Trennung des Bewusstseins vom materiellen (grobstofflichen) Körper, während die äußerst subtile Ebene des Körperlichen mit der subtilsten Ebene des Geistigen noch verbunden bleibt. Im Sterbeprozess lösen sich nacheinander die verschiedenen Bewusstseinskräfte, die eine Person ausmachen, auf. Es gibt äußere und innere Anzeichen für die Stadien des Auflösungsprozesses, der aber nur dann in geordneter Reihenfolge und ohne Irritationen der subtilsten Bewusstseinskräfte ablaufen kann, wenn der Betreffende nicht eines gewaltsamen Todes (durch Mord oder Unfall) stirbt.

Man unterscheidet acht Stadien der Auflösung:

1. Zuerst lösen sich die mit der *Formfunktion* verbundenen Phänomene auf: Das Seh-Bewusstsein erlischt allmählich. Äußeres Anzeichen für dieses Stadium ist, dass die Glieder schmaler werden und der Körper schwach wird. Das Sehen verschwimmt und verdunkelt sich; der Sterbende hat das Gefühl, tief in den Boden zu sinken. Ihm fällt es zunehmend schwerer, die Augenlider zu heben und zu senken. Als inneres Zeichen erscheint eine Luftspiegelung, vergleichbar ei-

ner Fata Morgana in der Wüste, in der man Wasser zu sehen glaubt.

2. Danach lösen sich im zweiten Stadium die mit der *Gefühlsfunktion* verbundenen Kräfte auf: Man empfindet jetzt weder Vergnügen noch Schmerz. Äußeres Anzeichen ist die Austrocknung der Körperflüssigkeiten, inneres Anzeichen die Vision von blauen Rauchwolken.
3. Sodann lösen sich im dritten Stadium die mit der *Funktion der Wahrnehmung* verbundenen Kräfte auf: Die Körperwärme vermindert sich, der Sterbende nimmt die Anwesenden nicht mehr als Individuen wahr und kann auch ihre Namen nicht mehr erinnern. Nahrungsaufnahme ist nicht mehr möglich, auch der Atemvorgang wird schwerfällig, wobei die Einatmung immer kürzer und die Ausatmung stoßend lang wird. Der Sterbende hat die visuelle Erscheinung von leuchtkäferartigen Lichtern oder roten Lichtreflexen.
4. Nun lösen sich im vierten Stadium die mit der *Funktion aller Veränderungen* (karmischen Formungskräfte) verbundenen Prozesse auf: Der Sterbende kann sich nicht mehr bewegen. Die Zunge wird schwer und läuft blau an. Der Atem kommt zum Stillstand. Der Sterbende kann die Aufmerksamkeit nicht mehr auf ein äußeres Objekt lenken. Die inneren Lichtreflexe sind einem rötlichen Glühen gewichen, das mit dem Schimmern einer verlöschenden Butterlampe verglichen wird.
5. Danach lösen sich im fünften Stadium die mit der *Funktion des mentalen Bewusstseins* verbundenen Gruppen der achtzig begrifflichen Vorstellungskomplexe (wie Freude, Zufriedenheit usw.) auf: Wenn sich diese Bewusstseinskräfte aufgelöst haben, erscheint ein weißes Licht. Es wird mit einem klaren herbstlichen Nachthimmel verglichen, über den sich das

Mondlicht ergießt. In diesem Stadium sind alle Energien aus den linken und rechten Kanälen oberhalb des Herzens in einen Zentralkanal eingetreten. Dies verursacht eine intensive Wahrnehmung eines Energieflusses, der von der Schädeldecke (*sahasrara cakra*) ausgeht und zum Herzen hinabströmt, was die Lichterscheinung im weißen Spektrum zur Folge hat.

6. Im sechsten Stadium löst sich die Bewusstseinskraft des *Lichtes im weißen Spektrum* auf: Dabei manifestiert sich die noch subtilere Ebene des Anwachsens im roten Spektrum. Man vergleicht dies mit einem Herbsthimmel, über den sich rötlich-orangefarbenes Sonnenlicht ergießt, wobei die Erscheinung aber noch viel klarer als im vorangehenden Stadium ist. In diesem Zustand sind alle Energien aus den linken und rechten Kanälen unterhalb des Herzens in den Zentralkanal eingetreten, und zwar durch das unterste Chakra (*muladhara cakra*). Die Energie steigt dann vom Nabelzentrum (*manipura cakra*) zum Herzzentrum (*anahata cakra*) nach oben. Dies hat die Lichterscheinung des Anwachsens im roten Spektrum zur Folge.
7. Im siebenten Stadium löst sich die Bewusstseinskraft des *Lichtes des roten Spektrums* auf: Dadurch manifestiert sich die noch subtilere Ebene der Vollendungsnähe im schwarzen Bereich. Die erste Hälfte dieses Zustandes wird verglichen mit der völligen Dunkelheit eines herbstlichen Nachthimmels zu Beginn der Nacht, wobei die Schwärze noch als eine Art «Objekt» empfunden wird. Die zweite Hälfte dieses Zustandes ist gekennzeichnet durch den völligen Verlust der Bewusstheit. In diesem Stadium sind die bereits im Herzzentrum versammelten Energiekonzentrationen völlig beruhigt, was die Erscheinung der Vollendungsnähe im schwarzen Bereich zur Folge hat.

8. Danach löst sich im achten Stadium die Bewusstseinskraft der *Vollendungsnähe im schwarzen Bereich* in das nun erscheinende *Klare Licht* (tibet. *'od gsal*, gesprochen: *ösel*) auf: Damit verschwindet die für die zweite Hälfte des siebenten Stadiums charakteristische Bewusstlosigkeit, und es erscheint eine äußerst subtile Bewusstheit, die von der Bewusstseinskraft des Klaren Lichtes hervorgerufen wird. Man vergleicht dies mit einer völlig ungetrübten Morgendämmerung am Herbsthimmel, ohne jede fluktuierende Störung von Mondlicht, Sonnenlicht oder Dunkelheit. Das Bewusstsein befindet sich in einem Zustand, der ähnlich ist dem Bewusstsein, das im meditativen Gleichgewicht die Leerheit direkt erfährt. In diesem Stadium sind die durch den Zentralkanal ab- und aufsteigenden Energiekonzentrationen völlig mit dem unzerstörbaren weißen Licht und den roten Energiekonzentrationen in der Mitte des Herzzentrums verschmolzen. Dadurch wird der subtilste Bewusstseinszustand aktiviert. Diese Aktivierung gilt als Ursache für die Erscheinung des Klaren Lichtes. Das bedeutet, dass dieser Zustand potentiell immer schon im Bewusstseinsgrund gegeben war, nun aber verwirklicht wird.

Diesen Zustand nennt man im tibetischen Buddhismus das Klare Licht des Todes. Erst jetzt gilt der Mensch als tot, während westliche Ärzte den Sterbenden gewöhnlich bereits nach dem vierten Stadium für tot erklären würden. Das Klare Licht gilt als der Grund der Wirklichkeit überhaupt, aus dem alles entsteht. Der Dalai Lama gab anlässlich einer Kalachakra-Initiation folgende Erläuterungen zum Wesen des Klaren Lichtes:[19]

> Der fundamentale ursprüngliche Geist des Klaren Lichtes wohnt dem Herzen jedes Lebewesens inne und durchdringt es. Es ist auch die letzte Essenz und der Schöpfer aller Wesen und der Dinge, die sie umgeben. Es ist die Grundlage für das Entstehen des Geburtenkreislaufs und für das Nirvana. Denn alle Erscheinungen – lebende Wesen und die sie umgebenden Dinge – sind das Spiel oder Kunstwerk des fundamentalen ursprünglichen Geistes des Klaren Lichtes, das als Grundlage von allem bezeichnet wird … Es ist auch der ‹Ahne alles Lebendigen›, da es alle reinen und unreinen Bewusstseinsformen hervorbringt. Es ist der Grund dafür, dass man Personen als solche bezeichnen kann.

Das Klare Licht, so fügte der Dalai Lama hinzu, sei so etwas wie ein «Schöpferprinzip» im Buddhismus: «Es ist dieser Geistgrund, der anfangs- und endlos kontinuierlich in jedem Individuum von Leben zu Leben, ja bis in die Buddhaschaft hinein existiert.»

Die meisten Menschen bleiben jedoch nur drei Tage in diesem Zustand. Weil ihre karmischen Bewusstseinseindrücke das Bewusstsein in den weniger subtilen Bereich ziehen, werden sie von der Schau des Klaren Lichtes abgelenkt und tauchen langsam wieder in den Prozess ein, der zur Wiedergeburt führt. Ein abgelenktes und unruhiges Bewusstsein, das in Meditation kaum oder nicht geschult ist und die Erscheinungen, die in diesen Sterbeprozessen auftauchen, nicht als Projektionen wiedererkennen kann, entwickelt Befremden und sogar Furcht; die Lichterscheinungen im Zwischenzustand sind ihm so ungewohnt, dass es erschrickt. Die Energie dieses Erschreckens verdichtet sich zu Bewusstseinsprojektionen (Visionen), die als schreckliche und zornvolle göttliche Wesenheiten erscheinen. Wer dies nicht zu deuten weiß, glaubt sich dem Bösen ausgesetzt, obwohl es sich lediglich um Projektionen eigener Bewusstseinskräfte handelt – sein eigenes Bewusstsein also zieht ihn in diesen Schrecken hinein. Auch dies sind Erfahrungen, die viele Menschen aus der Meditation kennen und wiedererkennen.

So weit in stark vereinfachter Form die tibetisch-buddhistische Beschreibung des Sterbeprozesses als Durchgang zu neuer Lebensgestaltung.[20] Dass hier kulturell bedingte Voraussetzungen eingegangen sind, ist offenkundig. Gleichzeitig werden aber auch anthropologisch allgemeine Phänomene beschrieben, die vielen Menschen Orientierung geben. Sterbebegleiter sollten sich darauf einstellen können. Wer selbst in der Meditation entsprechende Erfahrungen gemacht hat, weiß, was geschehen könnte, wenn Sterbeprozesse analog dazu verlaufen.

Fassen wir zusammen: Sterbeprozesse verlaufen individuell sehr unterschiedlich. Sie können mit Glücksmomenten verbunden, aber auch mit Angst und tiefer Verzweiflung besetzt sein. Konkrete Erfahrungen hängen wohl auch von kulturell geprägten und individuell gelebten Erwartungen ab. Diese Erwartungen erzeugen innere Bilder, mit denen umzugehen während des Lebens geübt werden kann. Dadurch wächst die Fähigkeit, solche Bilder im Sterben wiederzuerkennen und Ruhe zu bewahren. Ob solche Vorbereitungen in den letzten Phasen des Sterbeprozesses noch wirken, wissen wir letztlich nicht. Sterben ist ein Sich-fallen-Lassen, und das ist eine Frage des Vertrauens. Vertrauen aber wächst durch Erfahrung.

Übungen

Wie die Übungen zum Thema «Scheitern» (Kapitel 4, S. 117) sind auch die folgenden Übungen psychodynamische Übungen, die in jeder Lebenssituation hilfreich sind, besonders allerdings bei tiefer Verzweiflung im Sterbeprozess. Sie können für die Sterbenden ebenso hilfreich sein wie für Angehörige und Begleiter. Natürlich sind diese Übungen nur vor dem Beginn des eigentlichen Sterbeprozesses möglich – später können sie aber auch visualisiert werden. Wir knüpfen dabei an die Ausführungen zur Dankbarkeit in Kapitel 2 an. Den ganz natürlichen Emotionen von Angst, Wut und Trauer kann bewusst entgegengesteuert werden durch Fokussierung auf die Entwicklung von *Stärke, Geborgenheit* und *Dankbarkeit.* Dies umso mehr, wenn solche Haltungen als Körpererfahrung eingeübt werden. Allerdings werden auch diese Übungen in ihrer körperlichen Komponente nur bei einem relativ stabilen gesundheitlichen Zustand möglich sein. Ist dieser nicht gegeben, so können durch *Visualisierung* – also durch das bewusste Erzeugen ganz konkreter lebhafter innerer Bilder – Stärke, Geborgenheit und Dankbarkeit hervorgerufen werden:

1. *Stärke:* Stehen Sie gerade, die Füße in einem Abstand von 20 bis 30 Zentimetern und parallel zueinander. Das Becken ist aufgerichtet, die Schultern sind entspannt, die Arme hängen neben dem Rumpf. Der Kopf balanciert auf der Halswirbelsäule, so dass keine Muskelkraft nötig ist, um ihn zu halten. Schauen Sie nach vorn. Spüren Sie, wie tiefer Atem Ihre Bauchdecke bewegt. Sie können nach der Bauchatmung den Atem etwas in den Brustkorb ziehen, indem Sie die Rippen-

bögen bewusst weiten. Entspannen Sie Bein- und Gesäßmuskulatur, ebenso den Unterkiefer. In der Einatmung heben Sie über die Seite den gestreckten rechten Arm, die Handflächen nach oben, bis der Arm senkrecht steht, ohne die Schultern zu verkrampfen. Halten Sie den Atem etwas oben und senken Sie den Arm danach gestreckt wieder ab, aber nicht überdehnt. Wiederholen Sie die Übung dreimal. Danach konzentrieren Sie sich auf die linke Seite und heben den linken Arm auf gleiche Weise dreimal. Spüren Sie, wie die Arme jeweils einen ganz großen Halbkreis beschreiben. Entwickeln Sie durch Aufmerksamkeit in den Fingerspitzen das Gefühl, dass die Kreise immer größer werden, viel weiter als der Raum, in dem Sie stehen. Zum Schluss heben Sie beide Arme gleichzeitig und formen über dem Kopf mit ausgebreiteten Armen eine Schale. Nun sind Sie selbst eine große offene Schale, die bereit ist, alle Kraft von oben zu empfangen. Spüren Sie das Körpergefühl in den erhobenen ausgebreiteten Armen, spüren Sie, wie Sie immer mehr erfüllt werden. Senken Sie nun die Arme ab und konzentrieren Sie sich auf die Brust. Ziehen Sie die Schulterspitzen einen Zentimeter zurück, spüren Sie Weite in der Schlüsselbeingegend und der Brust.

2. *Geborgenheit:* Legen Sie sich auf den Rücken. Ziehen Sie die Beine an und umfassen Sie die Knie. Rollen Sie zur Seite und kuscheln Sie sich ein, den Kopf zur Brust, ganz rund. Summen Sie in dieser eingerollten Haltung ganz leise eine Melodie vor sich hin, die Ihnen aus der Kindheit vertraut ist, ein Kinderlied oder etwas, das Sie beruhigt hat und auch jetzt beruhigen wird. Atmen Sie dabei ruhig und, wenn möglich, in einem immer gleichmäßiger werdenden Rhythmus. Gleiten Sie nun zurück in die Rückenlage, immer noch zusam-

mengerollt und die Knie mit den Händen umfangen, und wiegen Sie Ihren Körper im Rhythmus des Atems ganz langsam und weich nach links und nach rechts. Sie können dabei weiter summen oder auch dem Atem lauschen.

3. *Dankbarkeit:* Stellen Sie sich locker und gerade hin. Federn Sie leicht in den Knien und atmen Sie dabei bewusst leicht. Springen Sie dazu ein wenig, wenn das möglich ist. Werfen Sie dabei die Arme über die Seite nach oben und lassen Sie sie wieder fallen, am besten je zwei Atemzüge für eine Bewegung. Wenn das zu anstrengend, weil zu schnell ist, zählen Sie jede Aufwärts- und jede Abwärtsbewegung auf vier Atemzüge. Indem Sie die Arme nach oben reißen, rufen Sie ein kräftiges «Jaaaaaaa...». Reicht Ihr Atem dafür nicht aus, denken Sie sich das große, weite und helle «Jaaaaa...».

10. Mut und Hoffnung

Es braucht Mut, sich auf Unbekanntes einzulassen. Das Neue und noch Fremde übt einerseits Faszination aus – wir freuen uns auf neue Begegnungen, reisen in unbekannte Länder, bewerben uns auf eine andere Arbeitsstelle –, gleichzeitig erzeugt es aber auch ein unangenehmes Fremdheitsgefühl und Ungewissheit. Vielleicht fürchten wir uns sogar, oder wir sprechen uns Mut zu, beziehungsweise andere wollen uns Mut machen – vor dem Arztbesuch, der eine böse Diagnose bedeuten kann, vor einer Operation oder vor dem Sterben. Wir lenken uns dann oft erst einmal ab, damit wir uns nicht ausgesetzt oder allein fühlen. Aber die bange Erwartung, die Furcht vor dem Ungewissen, lässt sich nicht auf Dauer verdrängen.

Mut aber ist noch mehr. Wir brauchen Lebensmut. Wenn wir Briefe lesen, die Liebende einander während der Kriegsjahre geschrieben haben, können wir ganz ergriffen werden vor innerer Erschütterung: Wo hatten sie ihren Mut her, als alles zusammenbrach, als die Städte voller Frauen und Kinder in Trümmern versanken und Männer an der Front das entsetzliche Sterben erleben mussten?

Sprichwörtlich ist der alte jüdische Gruß, der seit zwei Jahrtausenden zum Abschluss des Pessach-Seder entboten wird:

«Nächstes Jahr in Jerusalem.» Angesichts einer langen Geschichte des politischen Desasters, des Exils, der Unterdrückung, der Pogrome kommt hier eine tief verankerte Hoffnung zum Ausdruck. In Europa hat der Dreißigjährige Krieg im 17. Jahrhundert etwa die Hälfte der Bevölkerung vernichtet. Ein entsetzliches Morden, Brandschatzen, Vergewaltigen, Verwüsten und Sterben, jahrzehntelang. Es konnte jeden treffen und traf so viele. Und genau aus dieser Zeit stammen wunderbar ausdrucksstarke Lieder des Dichters Paul Gerhardt. Kurz nach Ende des Krieges, aber noch aus einem völlig verwüsteten Land dichtet er 1653 seinen «Sommer-Gesang»:

> Geh aus, mein Herz, und suche Freud
> in dieser lieben Sommerzeit
> an deines Gottes Gaben;
> schau an der schönen Gärten Zier
> und siehe, wie sie mir und dir
> sich ausgeschmücket haben.
>
> Welch hohe Lust, welch heller Schein
> wird wohl in Christi Garten sein!
> Wie muß es da wohl klingen
> …
> Erwähle mich zum Paradeis
> und laß mich bis zur letzten Reis
> an Leib und Seele grünen.
> …

Paul Gerhardts Lieder zeugen von einem enormen Mut. Mitten im Krieg, mitten in der Vergänglichkeit – ein Frühling, die Kraft des Lebens, die auch auf der «letzten Reise» dem Blühen und Loben kein Ende setzt. Woher kommen solcher Mut und diese Hoffnung? Gibt es Quellen des Mutes, die man sich erschließen kann, wenn es darauf ankommt, wenn wir dem Sterben ins Auge sehen?

Ein anderes tiefsinniges Gedicht aus dieser Zeit erinnert in seiner Weisheit an die europäische Mystik und an eine Geisteshaltung, wie sie auch in Ostasien gepflegt wird. Es ist von Paul Fleming (1609–1640) verfasst, der als einer der bedeutendsten Dichter des Barock gilt. Es erscheint wie ein Zen-Gedicht aus dem sächsischen Erzgebirge mitten im Dreißigjährigen Krieg. Paul Fleming starb jung, er war kein weltfremder «Schwarmgeist», sondern hat hinreißende Gedichte über die Liebe geschrieben. Das Gedicht von 1641 trägt die Überschrift «An sich» (oder auch in anderer Version «An Sich»). Dies ist zunächst ein philosophischer Ausdruck, wie «die Welt an sich» oder «der Tod an sich», und in diesem Sinne signalisiert er Distanz. Aber dann bedeutet das Wort auch genau das Gegenteil, nämlich «an sich selbst» gerichtet, eine Botschaft, die ich mir selbst bewusst mache, unmittelbar auf mich beziehe, und in diesem Sinne ist es ein Mut-Gedicht:

An sich
Sei dennoch unverzagt! Gib dennoch unverloren!
Weich keinem Glücke nicht, steh höher als der Neid,
vergnüge dich an dir und acht es für kein Leid,
hat sich gleich wider dich Glück, Ort und Zeit verschworen.

Was dich betrübt und labt, halt alles für erkoren,
nimm dein Verhängnis an, laß alles unbereut.
Tu, was getan muß sein, und eh man dir's gebeut.
Was du noch hoffen kannst, das wird noch stets geboren.

Was klagt, was lobt man noch? Sein Unglück und sein Glücke
ist ihm ein jeder selbst. Schau alle Sachen an:
dies alles ist in dir. Laß deinen eitlen Wahn,

und eh du fürder gehst, so geh in dich zurücke.
Wer sein selbst Meister ist und sich beherrschen kann,
dem ist die weite Welt und alles untertan.

Der erste Schritt

Nimm alles an, werte nicht. Was hat das mit Mut zu tun? Mut wächst, wenn ich erkenne, dass ich selbst aktiv werden kann und das Schicksal oder das «Verhängnis» nicht einfach über mich kommt. Ich muss das, was auf mich zukommt, nicht nur passiv erdulden, sondern meine Reaktion darauf hängt wesentlich von mir selbst ab, von meiner Einstellung. In der englischen Sprache gibt es für diese Er-Mutigung ein treffendes Wort: «Empowerment», das heißt Kraftgebung. «Nimm alles an» bedeutet, Vertrauen zu entwickeln, dass alles, was kommt, aus der Quelle des Lebens strömt. Auch das Unangenehme, ja das Schreckliche. Wer das erkennt, lenkt durch ebendiese Erkenntnis seine Emotion, wird «sein selbst Meister». Mehr noch: «Vergnüge dich an dir», auch wenn die Wellen des Schicksals hochschlagen. Das fordert viel, aber es fördert auch den Mut. Und dieser Mut wiederum macht die Selbst-Annahme möglich. Das ist ein emotionaler Kreis, der, wenn er spiralartig nach oben geht, die Lebensfreude wieder entfacht, wenn er aber nach unten verläuft, in Resignation und Depression führt.

Es ist unvermeidlich, dass auf Phasen des Mutes auch wieder Zeiten des Zweifels und der Hoffnungslosigkeit folgen. Man muss lernen, durch solche körperlichen und seelischen Schmerzen hindurchzugehen. Wenn man dieses Hindurchgehen aber immer wieder geübt und erfahren hat, stärkt das die Kraft zum Mut. In Meditation beispielsweise sitzen wir nicht nur, sondern setzen uns aus. Und zwar allem, was kommt, auch den Schmerzen in Beinen und Schultern, die am Anfang bei fast jedem Übenden auftreten. Mut wird stark, wenn ich erlebe, dass ich hindurchgehen *kann*.

Durch «gutes Zureden» von anderen kann der Mut etwas, aber nicht nachhaltig gestärkt werden. Man muss vielmehr selbst aktiv werden, und sei es – bei schweren Gebrechen – in minimalen Schritten. Denn Lebenssituationen sind so, dass sie an unserem Mut zerren, wodurch er entweder zerbrechen oder gestärkt werden kann. Ob Mut zerbricht oder stärker wird, das haben wir zwar nicht völlig selbst in der Hand, aber wir können etwas dafür tun, indem wir uns der Prozesse, durch die wir gehen, bewusst werden und vertrauen, dass auch diese Prozesse des Leidens, des Schmerzes und der Verzweiflung in uns so arbeiten können, dass sie uns letztlich stärker machen.

Dabei gilt es zu berücksichtigen, dass es zwar hilfreich ist, theoretisch beziehungsweise «akademisch» Bescheid zu wissen über Leben und Sterben und auch bei tiefen Erfahrungen in Meditation einmal ein wenig «hinter den Vorhang» der äußeren Erscheinungen geblickt zu haben und daraus Kraft zu schöpfen. Und doch ist es etwas ganz anderes, im existenziellen Schmerz des Verlustes von lieben Menschen, auch des Verlustes von Sicherheiten, von Gesundheit aus- und durchzuhalten. Hier kann man in tiefe Einsamkeit geworfen werden, und dann ist es gut, wenn man gelernt hat, in dieser Dunkelheit zunächst einmal ganz ruhig zu verharren. Aus dieser Ruhe keimt langsam, oft sehr langsam, ein Schimmer von Hoffnung. Ein Schritt nach dem anderen – aber es beginnt alles mit der Ruhe des Sichaussetzens.

In den Geschichten, Gedichten, Märchen und Mythen aus den verschiedenen Religionen finden wir Beispiele, wie mit Mut das Leben gemeistert werden kann inmitten von Kummer und Traurigkeit, Klage und Abschied, Missgunst und Hass, Wut und Zerstörung. In Phasen des Hochgefühls, wenn alles gelingt und wir den Wunsch haben, es könne ewig so weitergehen, in jenen Glücksmomenten denken wir gar nicht daran, dass es die andere Seite auch gibt, ja geben muss, denn sonst wären die Glücksmomente nicht wirklich erfahrbar. Allein aus dem Kontrast entsteht Lebensfülle, und doch hoffen wir, nur die eine Seite zu erleben. Märchen und Mythen lehren uns aber, dass dieser Kontrast das Leben *ist*. Die großen Heldenfiguren kommen nicht irgendwie durchs Leben, sondern sie wachsen im und am Unglück. Wenn wir uns solcher Momente im eigenen Leben bewusst werden, dann entsteht zumindest eine Ahnung dessen, was möglich ist. Und dass hinter dem Erleben der «Widersinne» unseres Lebens doch eine verborgene Ordnung sein könnte.

«Sei dennoch unverzagt … steh höher als der Neid.»

Einer meiner Lehrer pflegte uns Studierende zu ermahnen: «Das elfte Gebot sollte heißen: ‹Du sollst nicht schielen.›» Will sagen, schaut nicht auf die anderen, schaut nicht darauf, dass andere mehr zu haben scheinen – mehr Intelligenz, mehr Glück, mehr Liebe, mehr Reichtum –, sondern schöpft das aus, was euch gegeben ist. Dazu braucht es wiederum genaues Hinspüren, vielleicht auch Demut – und wiederum Mut. Mut, für sich etwas vielleicht Ungewöhnliches zu entdecken und dies auch zu leben. Nicht das, was für andere wichtig ist, sollte ich nachahmen und anstreben, sondern das, was mir entspricht, sich entfalten und zur «inneren Heimat» werden lassen. Suche dein Eigenes, lasse dich darauf ein, auch wenn es für andere keine Bedeutung hat. «Vergnüge dich an dir», heißt erkennen, dass ich so sein darf, wie ich bin beziehungsweise sein möchte. Oder mit einem der Thérèse von Lisieux (1873–1897) zugeschriebenen Satz: «Die Freude steckt nicht in den Dingen, sondern im Innersten unserer Seele.»

Unverzagt, also mutig zu sein, ist ein «dennoch». Es ist Überwindung von Widerstand, und ohne denselben gäbe es keinen Mut. Wie physische Stärke, so wächst auch geistige Stärke durch Aktivierung, durch den Mut gegen Widerstände. Schon im leisesten Atemzug kann Glück liegen. Die geistige Kraft des Glücks wächst, indem wir uns achtsam auf jeden Moment einlassen. «... Vergnüge dich an dir.» Der Dichter lebte im 17. Jahrhundert, und es überrascht, dass in dieser Zeit, erschüttert vom Dreißigjährigen Krieg, jemand es wagt, einen solchen Imperativ auszusprechen. Doch es ist ja auch die Zeit des italienischen Barock, eines Giovanni Gabrieli und Claudio Monteverdi in Venedig und Mantua, und die Impulse aus Italien finden ihr Echo jenseits der Alpen. Heinrich Schütz (1585–1672), der ganz große Meister der deutschen Kirchenmusik, studierte bei Gabrieli, und man merkt es seinen mut-erfüllten Motetten an, dieser Freude am Klang, an der Stimme, am Rhythmus, der die Sänger durch und durch bewegt. Gabrieli, Monteverdi und andere erfanden das Madrigal, das in verspielter Freude die Natur besingt oder die kleinen Liebesabenteuer der griechischen Götterpaare. Der gleiche Tonsatz wird dann mit biblischen Texten unterlegt. Das begeisterte «Habe deine Freude an dir» ist hier kein Widerspruch zum biblischen «Habe deine Lust an dem Herren» (Psalm 37,4), das Schütz in einer Motette so wunderbar jubelnd vertont hat. Das setzt sich fort bei Johann Sebastian Bach (1685–1750). Er hat Sterben und Tod in der Familie in übervollem Maß ins Auge blicken müssen. Mutter und Vater starben früh, und von seinen 20 Kindern erreichte die Hälfte nicht das fünfte Lebensjahr. Er selbst litt unter einer schweren Augenkrankheit, die fast zur vollständigen Erblindung führte. Und doch hat er so hinreißende, hoffnungsvolle Musik geschrieben, das Lob Gottes in den Mittelpunkt seines Lebens gestellt und mit unerschöpflicher Kreativität ein Werk hinterlassen, das mit nichts vergleichbar ist. Seine Werke überschrieb er in aller Leidenserfahrung mit *Soli Deo Gloria*, Gott allein die Ehre. Woher nahm er diese Kraft? Er sagt es uns nicht, aber er drückt es in Musik aus, wie es bereits oben in der Einleitung angedeutet wurde: In seinem Weihnachtsoratorium enthält der erste Choral die Frage an Jesus: «Wie soll ich dich empfangen und wie begegn ich dir?» Bach komponiert dies auf die Melodie des Passionschorals «O Haupt voll Blut und Wunden». Durch Sterben und Tod hindurch also wird das Licht der Geburt Gottes im menschlichen Geist erfahrbar. Die spirituelle Freude ist nicht das Gegenteil des Leidens, sondern sie ist die Überwindung des Leidens durch eine Energie, die durch das Leiden hindurchgegangen ist.

«Vergnüge dich an dir»: In (fast) jeder Situation können wir einen Punkt wiederfinden, an dem sozusagen der Strohhalm der Freude fassbar wird, und wenn ich ihn achtsam erfasse, wächst er zu einem mächtigen Baum, unter dem wir wie unter einem Schirm sitzen können. Ich erinnere an Psalm 91:

> Wer unter dem Schirm des Höchsten sitzt und unter dem Schatten des Allmächtigen bleibt, der spricht zu dem Herrn: Meine Zuversicht und meine Burg, mein Gott, auf den ich hoffe.

Bei Paul Fleming ertönt dazu das Echo des ermutigten Herzens:

> «… und acht es für kein Leid, hat sich gleich wider dich Glück, Ort und Zeit verschworen.»

Wenn sich die ganze Welt gegen mich verschworen zu haben scheint – «acht es für kein Leid»? Es gibt schier ausweglose Situationen, wenn eine Beziehung auseinandergebrochen ist, wenn der Tod Gemeinschaft zerreißt, wenn der Verlust des eigenen Lebens droht durch eine entsprechende Diagnose oder wenn ich den Arbeitsplatz verloren habe, dann erscheint die Zukunft nur noch düster, dann ist zunächst kein Trost. Solche Phasen der Lähmung und der Wut sind unvermeidlich, wohl jeder hat sie schon erlebt. Im Rückblick ist die Erinnerung immer noch traumatisch, aber man weiß: Ich bin durchgekommen. Es ist dies wie eine geistige Neugeburt. Wie die physische Geburt am Beginn des Lebens geschieht auch die geistige Geburt zu neuem Leben durch den Schmerz hindurch.

Allein der erste Vers dieses hintergründigen Gedichts von Paul Fleming zeigt, wie durch die Enge, durch die Klage hindurch neue Lebendigkeit langsam wachsen kann. Lebendigkeit und Glück sind nicht etwas, das gegeben ist (oder auch nicht), sondern etwas, das immer neu entstehen muss.

Der zweite Schritt

Der zweite Schritt ist, Achtsamkeit vor allem in der *Tätigkeit des Abschieds* zu lernen. Was bedeutet das, wenn es mehr sein soll als eine triviale Floskel? Und ist Abschied etwas so Aktives, dass man es eine Tätigkeit nennen kann, vielleicht sogar Arbeit?

Der Dichter Paul Fleming drückt genau dies mit einem ungeheuer kraftvollen Satz aus, der zunächst auch Widerspruch provoziert:

«Was dich betrübt und labt, halt alles für erkoren,
Nimm dein Verhängnis an, laß alles unbereut.
Tu, was getan muß sein, und eh man dir's gebeut.
Was du noch hoffen kannst, das wird noch stets geboren.»

Was uns erfreulich erscheint, als günstige Fügung des Schicksals oder Geschenk des lieben Gottes begeistert anzunehmen, das Schmerzhafte und Leidvolle hingegen zu scheuen oder zu verdrängen, gehört zu unseren Überlebensstrategien, die uns in der Evolution mitgegeben wurden. Darüber hinaus haben wir gelernt, Schmerzen zu lindern, die moderne Medizin hat hier Unglaubliches geleistet. Dies kann den Geist frei machen für das, was dann kommt: ein *bewusstes* Abschiednehmen.

Auch das, was uns als leidvoll erscheint, was wir nur widerwillig ertragen, kann unserem Überleben dienen und dasselbe erheblich vertiefen. In der Natur lebt und überlebt das Kräftige, nicht nur in Bezug auf die Muskelkraft, sondern auch hinsichtlich der Intelligenz. Im Menschen ist Intelligenz nicht nur eine Sache des Erkennens, sondern auch des Gefühls, sogar der seelischen Stärke, die Kraft und Durchhaltevermögen gewährt. Es geht auch um «soziale Intelligenz». Leben wird tiefer erlebt und von Weisheit abgeklärt durch schmerzliche Erfahrungen, wenn wir gestärkt daraus hervorgehen. Solche Erfahrungen können zur Konzentration aufs Wesentliche führen und uns das Verschwenden von kostbarer Zeit und Energie an Triviales austreiben. Es geht auch darum, das Verhängnis zu akzeptieren, dann kann es heilsam werden. Schon das Wort «Verhängnis» ist ja nicht nur negativ – es ist etwas, das auf uns zukommt, was aber noch verhangen und darum noch nicht erkannt ist. Ein Verhängnis zu akzeptieren kann das Verhangene aufdecken, enthüllen. Das griechische Wort dafür ist *aletheia*, das wir mit *Wahrheit* übersetzen.

Im Buddhismus ist der Schmerz des Abschieds noch radikaler gedacht, denn dort gilt auch das als leidvoll, was uns zunächst als beglückend erscheint, weil es nicht von Dauer ist. Auch die glücklichsten Erfahrungen und Umstände müssen wir irgendwann loslassen, spätestens dann, wenn wir sterben. Jedes Abgeben-Müssen, jeder Abschied ist ein «kleiner Tod», wie es in vielen Sprachen heißt. Jeder hat solche Abschiede schon erlebt, am Flughafen, vor dem Scheidungsrichter, am Krankenbett, im Sterbezimmer.

Antoine de Saint-Exupéry schreibt in einer seiner Betrachtungen, als er mit dem Flugzeug in der Wüste notlanden muss, die Hoffnung auf Rettung stündlich schwindet und der Tod näher rückt: Es geht ja nicht um mich, denn ich kann mich hier unter dem großartigen Sternenhimmel gut verabschieden, aber es sind die Menschen, die zu Hause auf mich warten, die um mich bangen und mich vielleicht brauchen – um sie tut es mir unendlich leid. In Frieden sterben bedeutet nicht nur, dass der Sterbende Frieden findet, sondern dass auch die Angehörigen und Freunde den Sterbenden in Frieden loslassen können. Dies zu spüren beruhigt wiederum den sterbenden Menschen. Darum ist es so wichtig, diese Wechselseitigkeit wahrzunehmen und zu gestalten, so dass Herzenswärme und Verstehen dazu beitragen, den Sterbeprozess annehmen zu können.

Und nun kommt im Gedicht dieser ungeheuerliche Satz, den wir im Kontext einer christlichen Spiritualität nicht erwarten würden, der aber auch im Kontext des Buddhismus befremdlich ist und angesichts alles psychologischen Wissens über die ganz alltäglichen Lebenserfahrungen irreal zu sein scheint:

«Laß alles unbereut!»

Von klein auf werden wir zur Reue erzogen, damit Einsicht reift und wir uns ändern. Reue, die wir ausdrücken dürfen, damit sie uns befreit und damit wir wieder in die Gemeinschaft aufgenommen werden, aus der wir herausgefallen sind, aus welchen Gründen auch immer. Denn Reue ist nicht nur eine innere Herzensangelegenheit, sondern die Wiederherstellung von Beziehungen, auf die wir angewiesen sind. Reue ist meine Bewegung hin zu demjenigen, dem ich wehgetan habe, und Verzeihung ist die Bewegung, die zurückkommt. Ein Geben-Nehmen-Geben, eben Gemeinschaft. Reue ist heilend, und auf der Ebene unserer personalen Beziehungen sind wir der Reue ebenso bedürftig wie der Verzeihung, und zwar wechselseitig. Allerdings kann Reue auch aufgesetzt sein und lediglich der Anpassung an äußerliche Normen entspringen. Reue bedeutet dann Demütigung vor dem, der größere Macht hat, der Zwang zu angepasstem Verhalten, und ist nichts anderes als Unterwerfung, das genaue Gegenteil von Liebe und echter Beziehung und Bereitschaft zu neuer Lebendigkeit.

Der japanische Zen-Meister Hakuin Ekaku (1686–1769) preist die Reue als Voraussetzung für eine gut gelingende Meditationspraxis. Ist nicht Reue das In-sich-Gehen, die kritische Selbstbetrachtung der eigenen Gedanken, Worte und Taten? Das Erkennen eigenen Versagens angesichts der eigenen Ansprüche und Ziele, also gerade nicht Unterwerfung, sondern

Ausdruck von Selbstverantwortung? Ist Reue nicht die Selbsterkenntnis, durch die fehlerhaftes Denken, Empfinden und Verhalten korrigiert werden können, der Dreh- und Angelpunkt für alles Weitere?

«Laß alles unbereut» – das ist Provokation pur. Wenn dies in einem mystischen Text stünde – bei Meister Eckhart etwa –, könnte man es deuten als eine letzte zusammenfassende Schau desjenigen, der die Welt überwunden hat. Aber hier, bei diesem jungen Mann aus dem kirchenfrommen Erzgebirge im 17. Jahrhundert, stellt sich die Frage, was dieser Satz für ihn, Paul Fleming, bedeutet haben könnte.

Wir wollen die Frage unter vier Aspekten betrachten:

1. Selbst wenn wir achtsam und empathisch leben, wird es uns nicht gelingen, nicht schuldig zu werden, denn indem wir leben, verletzen wir andere unweigerlich. Reue und Verzeihung sind dann notwendig, und sie bedingen einander in der Entfaltung unseres Lebens. Ganz sicher will Paul Fleming dies nicht bestreiten.
2. Trotzdem geht es Paul Fleming wohl eher darum, dass unsere ständige Rückschau in das Vergangene, auch das Aufzählen und Aufrechnen nicht nur dessen, was uns andere angetan haben, sondern auch unserer eigenen Leistungen und Fehlleistungen, zum Hemmnis werden kann. «Jeder Tag ein neuer Tag», heißt ein berühmter Zen-Spruch. Jeder Atemzug ist eine Neugeburt, und wenn ich ständig in der Vergangenheit wühle, fehlt es an Mut zur Gegenwart.
3. Die Reue hat ihren Platz. Und die individuelle wie kollektive Erinnerung auch. Aber dann ist es auch gut. Interessanterweise drückt unsere Sprache dies genau so aus, denn der Ausdruck «Lass es gut sein» kann beides bedeuten: «Lass es *gut* sein» und «*Lass* es auf sich beruhen». Das wird möglich,

wenn aus dem Schmerz des eigenen Versagens oder Versäumnisses eine Erkenntnis reift, wenn wir sehen können, wozu «es» gut war. Irrtum, der erkannt wird, kann zumindest dazu verhelfen, dass wir ihn nicht wiederholen und Verantwortung übernehmen. Dann, und nur dann, kann man es gut *sein lassen*. Alles hängt wiederum an der inneren Einstellung, die durch den Schmerz hindurchgereift ist zu einer Akzeptanz. Das Lassen ist das Wesentliche. In religiöser Sprache wird dasselbe gesagt mit dem Wort: «Lege es in die Hand Gottes.» Dort ist es aufgehoben.

4. Wenn es «aufgehoben» ist, ist es – so der dialektische Doppelsinn des Wortes – aufbewahrt und beseitigt zugleich. «Lass es gut sein» ist nicht so dahergesagt, sondern Inbegriff einer tiefen Weisheit. Jetzt ist der neue Augenblick, jetzt ist die Zeit des Mutes, aufzuatmen und den Mut zum Neuanfang zu entwickeln. Darum geht es, wenn der Dichter fortfährt: «Tu, was getan muss sein, und eh man dir's gebeut», das heißt, ehe man von dir etwas verlangt. Tue es ganz selbstverständlich, ohne Berechnung und Abwägung der Vor- und Nachteile. Tue es automatisch aus deinem befreiten Bewusstsein heraus.

Der dritte Schritt

Der dritte Schritt ist die bewusste Erfahrung von Zeit. Nur der jetzige Augenblick ist. Das Vergangene ist nur noch im Gedächtnis gespeichert – und das trügt. Das Zukünftige ist gespannte Erwartung oder lähmende Angst, jedenfalls ist es noch nicht. Nur jetzt ist die Möglichkeit, zu verzeihen, sich zu befreien von Schuld- oder Rachegefühlen, die das kurze Leben belasten. Hat mir jemand einen Schmerz zugefügt, so bindet mich dies und macht mich unglücklich, solange ich ihm nicht verzeihen konnte. Denn mit dem Verzeihen tue ich keineswegs nur dem anderen, sondern ebenso auch mir selbst etwas Gutes. Eine solche Einsicht und Haltung des Loslassens kann man lernen. Es handelt sich vielleicht um einen der wichtigsten (und oft auch schmerzlichen) Lernprozesse in unserem Leben. Frei wird man durch Loslassen. Wer frei ist, erfährt Glück, das länger währt als der Moment, wo sich ein Wunsch erfüllt hat.

Meditation ist eine Schule des Lernens, eine Praxis bewusster Einübung in Leben und Sterben. Aber auch die Kultur der *ars moriendi* des Mittelalters und der Frühen Neuzeit handelt von ähnlichen psychologisch wirksamen Prozessen. Hier geht es vor allem darum, keine Ablenkung durch Gedanken an Vergangenes oder durch Abwägung von möglichen Zukünften zuzulassen, sondern den jetzigen Augenblick auszukosten. Diese Übung also ist der dritte Schritt. Mir scheint, dass dies gemeint ist, wenn die Bibel von «Umkehr» redet. Auf Griechisch heißt dieses Wort *metanoia*, also Umdrehen des *nous*, des Geistes an seinen Wurzeln. Eine Umkehr von dem oft etwas rigiden Gebäude *unserer* Weltanschauungen, *unserer* Welterfahrungen, *unserer* Meinungen und Irrtümer, *unserer* Verfehlungen und Leistungen, die sich vielleicht in den Augen der Menschen durchaus sehen lassen können. Aber das alles ist vergangen, oder es ist äußerlich. Es zählt nicht mehr im Sterben. Was zählt, ist das Jetzt, dieser Augenblick: *Ich* kann nur in diesem Augenblick ganz da sein, wenn ich nicht nur alles, was mich bedrückt, sondern auch das, was mich stolz macht, loslassen kann. Wie? Durch ein Loslassen von Gedanken und Gefühlen. Dann wird «es» neu.

Was dieses Neue ist und wie es kommt, wird in den nächsten Strophen beschrieben. Ich möchte dies zunächst zeigen an dem wunderbaren modernen Märchen vom Kleinen Prinzen, mit dem Antoine de Saint-Exupéry (1900–1944) eine eindrucksvolle spirituelle Lebensanleitung auch für das Sterben geschrieben hat. Der Kleine Prinz fragt den Fuchs, was er tun müsse, um sein Freund werden zu können. «Du musst mich zähmen», antwortet der Fuchs. Um dieses Zähmen geht es auch, wenn wir den Geist so lenken lernen, dass er im *Jetzt* wirklich da ist und nirgends sonst.

Der *erste* Schritt, so hatten wir gesehen, ist ein Wollen, eine Mutprobe, sich auf das, was kommt, einzulassen. Der *zweite* Schritt ist das Loslassen aller Erwartungen, auch des Wollens, mit dem wir sonst im Leben gute und schlechte Erfahrungen gemacht haben. Der *dritte* Schritt ist das geduldige Warten, ein behutsames unverkrampftes Wollen, das aus der völlig gelassenen Haltung kommt, die nichts anderes will außer Jetzt da zu sein: das Zähmen. Es ist ein Abenteuer, denn man weiß nicht, was dabei herauskommt. Dabei handelt es sich nicht nur um das Zähmen des anderen, denn indem er geduldig den Fuchs zähmt, zähmt der Kleine Prinz sich selbst. Genau das heißt «spirituelle Praxis».

Der vierte Schritt

Der vierte Schritt besteht darin, nun auch die Erfahrung von Widersprüchen in der Vergangenheit anzunehmen. Es ist die Versöhnung mit sich selbst, mit der eigenen Biografie, mit der inneren Mutter und dem inneren Vater. Dies gelingt umso leichter, wenn der dritte Schritt wirklich als gültig erlebt werden kann, wenn man also das Hier und Jetzt als geradezu körperlich integriert spürt, mit sich selbst im Reinen ist. Dann ist man nicht mehr ständig mit der Vergangenheit beschäftigt, mit dem Grübeln «was wäre gewesen, wenn ...», sondern man ist frei geworden für den Augenblick. Es ist dies eine «psychologische Schleife», die wir uns klug zunutze machen können: Wenn man schon gelernt hat, das Hier und Jetzt intensiver zu spüren, gelingt die Versöhnung mit dem Vergangenen leichter, und wenn dies erreicht ist, kann die Offenheit für die Gegenwart weiterwachsen. Allerdings ist es, wie immer, hilfreich, mit der Gegenwart anzufangen und kleinste Details wahrzunehmen. Das kann ein Marienkäfer sein, der plötzlich auf einem schwankenden Grashalm sitzt, oder das Gurren einer Taube, das von draußen an mein Ohr dringt, was auch immer.

Der fünfte Schritt: Hoffnung

Hoffnung ist immer auch Aufbruch, was im doppelten Sinn des Wortes zu verstehen ist: Erstens *bricht* eine Schale *auf*, etwas Verkrustetes, was uns gefangen gehalten hatte – unsere Erinnerungen, negative Vorstellungen, vielleicht auch Selbstmitleid –, und zweitens bedeutet Aufbruch auch, dass wir Trägheit überwinden und uns vorwärtsbewegen, was immer das konkret bedeuten mag. Fleming behauptet: Was du noch hoffen kannst, das wird noch stets geboren. Das heißt, die Hoffnung wird sich erfüllen. Aber wie kann er so sicher sein? Weil sich im Hoffen das Bewusstsein verändert hat und Hoffnung nicht allein von äußeren Umständen abhängt – die eintreten könnten oder auch nicht –, sondern vom Zustand des Bewusstseins.

Hoffnung ist also etwas Kreatives, nicht ein Vertrösten auf den Sankt-Nimmerleinstag oder ein diffuses Sichklammern wider alle Vernunft. In der europäischen Philosophie sprach man von der *docta spes*, der begründeten Hoffnung. Der Philosoph Ernst Bloch (1885–1977) hat das in seinem Hauptwerk «Das Prinzip Hoffnung» (1954–1959) gründlich durchdacht. Für ihn ist Hoffnung begründet in der Spannung zwischen Realität und Zukunft. Der Mensch lebt in einem Noch-Nicht, und er entwickelt Phantasie, um eine erfülltere Zukunft zu imaginieren. Quelle für die Kraft der Phantasie sind die verborgenen Wurzeln des Bewusstseins. Hoffnung ist somit eine Offenlegung des Möglichen, das heißt, die Welt wird darin zu dem, was in ihr bereits angelegt, aber noch nicht sichtbar ist. Das, was jetzt ist, wird überschritten, und Denken ist genau dieses Überschreiten, lateinisch «Transzendieren». Wir kommen zu den Quellen der Tiefe unseres Geistes also nicht durch eine Rückschau auf das, was gewesen ist, die tiefste Schicht unseres Geistes ist nicht Wiedererinnern des Ursprünglichen, wie der griechische Philosoph Platon mit seiner Lehre von der *anamnesis* behauptet hatte, sondern durch Vorschau auf das Mögliche, das sich in der Zukunft herauskristallisiert und gestaltet. Der Mensch ist im Werden. Bloch formuliert das in dem berühmten Satz: «Ich bin. Aber ich habe mich nicht. Darum werden wir erst.»[21] Der Abschnitt, in dem diese Sätze stehen, heißt «Aus sich heraus». Es geht um ein Aus-sich-Herausstehen, eine Ek-stase; es meint, dass wir die Entwicklung von dem zulassen und fördern, was in uns als Potential vorhanden ist, eine Freilegung der noch verborgenen Kräfte des Bewusstseins. Klarer als Bloch kann man es kaum sagen, was Spiritualität ist, denn er fährt fort: «Das Bin ist innen. Alles Innen ist an sich dunkel. Um sich zu sehen und gar was um es ist, muß es aus sich heraus.»

Hoffnung hat klare Gestalt und kann durchaus verstandeskonform sein, denn sie geht einher mit einem geschulten Willen und deutlicher Einsicht in die Vergänglichkeit eines jeden Augenblicks. Hoffnung ist nicht ein Übertünchen, sondern die Bewältigung von Angst und Sorge, indem sie der Vergänglichkeit unerschrocken ins Auge blickt. An den äußeren Umständen ändert sich nicht viel, aber die Art und Weise, wie das Bewusstsein sie wahrnimmt und interpretiert, hat sich unter der Hoffnung radikal verändert. Vergänglichkeit ist dann nicht mehr die Ursache von Sorge und Angst, sondern die Chance zu Veränderung, zur Erkenntnis von Möglichkeit im gegenwärtigen Augenblick. Und das ist Glück, *ananda*, wie man in Indien sagt.

Hoffnung führt nicht in ein Schlaraffenland, sondern sie ist die Kraft zur Motivation für den nächsten Schritt. Sie ist die noch so zaghafte Einsicht, dass das Leben doch weitergeht, so beschränkt vielleicht die Möglichkeiten auch sein mögen, so schwach sich der Körper auch anfühlen mag. Nicht auf die Quantität an Lebenskraft, sondern auf die Qualität kommt es an, und das heißt: die gegebenen Möglichkeiten zu gestalten. Verzweiflung setzt ja immer dann ein, wenn ich ausgeliefert bin, auf der körperlichen Ebene bei schwerer Krankheit und im Sterbeprozess. Aber der Geist kann immer noch gestaltet werden und damit sich selbst gestalten.

Wenn ich noch Dinge in der äußeren Welt gestalten kann, dann habe ich einen Anhaltspunkt, ich sehe das, was ich geschaffen habe. Entscheidend ist die innere Haltung: Ich *muss* nicht, ich *darf.* Allein das Umschalten unseres Denkens vom *Müssen* zum *Dürfen* macht einen erheblichen Unterschied. Es kann der Anfang zu neuem Lebensmut sein. Man darf es immer wieder versuchen und dem kleinsten Ansatz zu einem positiven Gedanken Raum geben.

All diese Erläuterungen machen nur Sinn unter der Voraussetzung, dass wir lernen können, uns positiv zu konditionieren. Das «Umschalten des Denkens», von dem wir sprachen, ist immer möglich, außer in depressiven Zuständen, die nicht unter Kontrolle des Willens zu bringen sind und einer langfristigen Behandlung bedürfen. In der Regel aber können wir durch

Übung lernen, in den Augenblick einzutauchen und aus dem, was sich dort zeigt, Hoffnung zu schöpfen in dem hier gemeinten Sinn. Es ist ein Lernen von Gestaltung.

Noch einmal: Die großen Utopien der Menschheit – «seid umschlungen, Millionen» (Friedrich Schiller) oder «dass Gerechtigkeit und Frieden sich küssen» (Psalm 85,11) – können uns vielleicht zur Begeisterung motivieren. *Jetzt* zählt die Empfindung in *kleiner* Münze: ein Lächeln, eine Hilfsbereitschaft, ein freundliches Wort, eine Geste des Verbundenseins.

Das unerschütterliche Vertrauen, die Kraft der Hoffnung, die liebevolle Präsenz mitten im Schmerz und in der Trauer – das sind Dinge, die man nicht nur durch gutes Zureden in einem anderen wecken kann. Wie dann? Durch Ansteckung. Kraftvolle Hoffnung und die Freude, die durch sie ausstrahlt, wirken ansteckend. Hoffnung, Präsenz, Liebe – all das strahlt nach innen auf mich zurück, wenn ich es nach außen ausstrahle. Das ist der Zirkel der Selbstmotivation, eine Motivation zum Mut. Mut, so sahen wir, ist ja nicht die Kraft, gegen Wände anzurennen und gegebene Beschränkungen zu ignorieren oder gegen Gesetze beziehungsweise Gesetzmäßigkeiten wie etwa das unaufhaltsame Fortschreiten einer Krankheit oder den Alterungsprozess aufzubegehren. Mut ist vielmehr, die Impulse aus der Achtsamkeit in Hoffnung umzusetzen, also eine geistige Strahlkraft zu entwickeln mitten im Sterben, auch in Krankheit und Siechtum, solange es eben möglich ist.

Das Zähmen des Fuchses, zu dem Saint-Exupéry den Kleinen Prinzen ermutigt, ist nicht eine Hauruck-Aktion, so wie der Dompteur in der Manege das wilde Tier mit der Peitsche in der Hand in Schach hält. Vielmehr ist es ein langsames Vertrautwerden. Zähmen bedeutet auch nicht, alles zu beschränken und Verbote aufzurichten. Zähmen bedeutet, innere Potentiale zu entwickeln. Dieses Zähmen betrifft, wie gesagt, nicht nur den äußeren Partner, den Fuchs, den man zum Freund haben will, sondern auch die inneren Kräfte in mir selbst, mit denen ich vertraut werden kann. Dazu gehört Geduld: «jeden Tag wirst du dich ein bisschen näher setzen können ...» Zunächst ist durchaus ein gewisser Abstand angemessen, auch zu Empfindungen der Freude, die spontan entstehen und dann wieder vergehen. Auch eine nüchterne Skepsis gegenüber «euphorischen Zuständen» ist angebracht. Nein, es braucht Distanz und genaue Beobachtung. Allmählich erst wächst die Achtsamkeit so stark, dass ich sie wirklich lenken kann.

Geduld ist ein wichtiger Schlüssel zu spirituellem Wachstum. Auch Beziehungen und Beziehungsversuche zwischen Menschen scheitern schlicht und einfach oft daran, dass wir nicht genug Zeit und Geduld investieren. Wenn etwas nicht sofort gelingt, wenden wir uns ab. Jedenfalls ist die Pflege des inneren Friedens, die uns dazu führen soll, in Frieden sterben zu können, nicht ohne Geduld zu haben.

> «Was klagt, was lobt man noch? Sein Unglück und sein Glücke
> Ist ihm ein jeder selbst. Schau alle Sachen an:
> Dies alles ist in dir.»

«Verhängnisse» ereilen uns, und wir wissen nicht, warum. Warum der eine erkrankt oder einen Unfall erleidet und ein anderer nicht, wissen wir nicht. Die Menschheit hat immer wieder versucht, Erklärungen dafür zu finden (blinder Zufall, böse oder launische Götter, Dämonen, Vergeltung für eigene Schuld usw.). Nichts davon ist überzeugend. Die Dinge passieren, und unsere Möglichkeiten, sie zu steuern, sind zwar nicht völlig vergeblich, aber doch sehr begrenzt. Ereignisse können uns erheben oder vernichten. Es kommt dann darauf an, wie wir damit umgehen. Alles, was geschieht, sind Möglichkeiten für unterschiedliche Reaktionen. Unsere Reaktion ist nicht «Verhängnis», sondern Produkt von unbewusster und bewusster Gestaltung. Genau diese Gestaltung ist das, was wir spirituelle Praxis nennen. Spiritualität ist primär nicht die Schau von übersinnlichen Wesen oder das Eintauchen in völlig abgehobene ekstatische Zustände, sondern die Pflege des Geistes in den alltäglichen Herausforderungen, die *bewusste Gestaltung*, die Integration von Wut und Frustrationen in einen umfassenderen Zusammenhang humanen Verhaltens, das sich in Güte ausdrückt – Güte gegenüber anderen Lebewesen, aber ebenso auch gegenüber sich selbst. Das ist Zähmung, Entfaltung, im wörtlichen Sinn Ent-spannung. Die Kräfte dazu sind in uns, wir müssen sie allerdings wachrufen.

Dazu bedarf es dreier Grundhaltungen, die ich gern die drei großen «G» der Spiritualität nenne: Genauigkeit, Geduld, Gelassenheit. Mit *Genauigkeit* und Achtsamkeit sich selbst und alles, was um einen ist, wahrnehmen; mit *Geduld* die Akzeptanz lernen, die Unangenehmes und Angenehmes integrieren kann; mit *Gelassenheit* reagieren, weil dies ein langer Weg ist, auf dem man auch immer wieder scheitert.

Hängt also alles von meinem Bewusstsein ab? Natürlich ist nicht die ganze Welt in mir, es gibt zweifelsfrei eine Außenwelt, die existiert, bevor ich da war und auch wenn ich nicht mehr da sein werde. Allerdings ist auch diese Feststellung «in mir», ich nehme nur wahr, erlebe, denke und verarbeite – in meinem Bewusstsein, und von ihm hängt *für mich* alles davon ab, wie Informationen «generiert» und «prozessiert» werden. So ist die ganze Welt doch «in mir». Wie das Bewusstsein arbeitet, wie es «gestimmt» ist (dies ist ein Wort, das Musikinstrumente ebenso beschreibt wie Gemütszustände), hängt ab von den Genen und den Einflüssen aus meiner Mitwelt, ganz besonders natürlich von frühkindlichen Erfahrungen. So bin ich konditioniert, nicht aber determiniert, das heißt, ich habe Prägungen, aber diese Prägungen sind nicht ein für alle Mal festgelegt und unveränderlich. Ich kann – oft mühsam – meine «Stimmung» verändern, und zwar durch bewusste Praxis.

In einem der großen Texte des Christentums, der protestantischen Lieder (so ergreifend vertont von Johann Sebastian Bach), heißt es:

> Der Wolken, Luft und Winden gibt Wege, Lauf und Bahn,
> der wird auch Wege finden, da dein Fuß gehen kann.

Paul Gerhardt, der andere große Dichter des Barock neben Paul Fleming, hat dies 1653 gedichtet. Es ist voller Hoffnung auf Gott gerichtet, dem der Mensch trauen darf, weil die Welt ein in sich stimmiger Kosmos ist, auch wenn aus der Perspektive des Individuums dies keineswegs immer so zu sein scheint. Ich habe diese Worte einmal einer Sterbenden ins Ohr geflüstert, und die Reaktion war: «Wirklich?» Auch Menschen, die ganz kirchenfromm gelebt und geglaubt haben, entwickeln Zweifel und Angst, dass es doch nicht so sein könnte. Es ist gut, solche Zweifel beizeiten zuzulassen und sich damit auseinanderzusetzen. Denn in der spirituellen Praxis wird erfahrbar: Dieser Gott ist nicht irgendwo im Himmel, sondern in meinem Bewusstsein. Gott ist inkarniert, in meinem Körper – das ist die Grunderfahrung der christlichen Tradition – *et incarnatus est*, nicht nur einst in Bethlehem, sondern hier in meinem zerbrechlichen Körper und Geist. Ich kann und soll diese Kraft wahrnehmen, dann kann Vertrauen wachsen. Eine Garantie allerdings gibt es nicht.

Fleming und Gerhardt, die beiden Dichter des Mutes, drücken es so aus, dass sich der Mensch ein-lassen darf, hineinlassen in den Ozean geistiger Tiefe oder in das Licht der allumfassenden Sonne. Sich selbst ein Meister zu sein heißt eher, das Bewusstsein zu pflegen, zu kultivieren. Und das bereitet nicht Schmerz, sondern Freude, ist allerdings auch Mühe und Arbeit. Und es ist für jeden Menschen verschieden, so wie jedes menschliche Antlitz sich vom anderen unterscheidet.

Übungen

Dies ist eine Übung, die viele Aspekte der anderen Phasen des Lebens und Sterbens zusammenführt – der Mensch kann sich fallen lassen im Vertrauen. Es ist eine Übung des Auffangens und des Aufgefangen-Werdens. Dies wird möglich, wenn man sich an einen vertrauten Spruch (Mantra, Reim, Lied usw.) erinnert, der einem schon zuvor Trost gespendet und vielleicht in einer schwierigen Situation aufgefangen hat. Die Übung hat besonders dann eine starke Wirkung, wenn man sie gemeinsam mit einem Begleiter macht. Der Begleiter muss darauf achten, dass der Spruch dem Empfinden des Sterbenden oder des verunsicherten Menschen angemessen ist.

1. Der Begleiter beziehungsweise die Begleiterin fragt, ob ein Wort (oder ein Bild oder ein Lied oder ein Klang) für die sterbende Person von besonderer Bedeutung ist. Ein Eindruck aus der Kindheit vielleicht, jedenfalls aus einer Situation, die

mit Geborgenheit und Freude verbunden ist. Auch mit Erwartung. Es kann ein naiver Kindervers sein, ein Bibelspruch oder ein Meditationsmantra. Das ist alles möglich, wichtig ist nur, dass das Wort, Bild oder Lied mit einer beruhigenden Erinnerung verbunden ist und Geborgenheit vermittelt.

2. Summen Sie diesen Spruch, wenn möglich, gemeinsam. Wenn es als angenehm empfunden wird, kann die Artikulation auch deutlicher und lauter werden, bis hin zum Gesang. Es kann ein einzelnes Wort sein oder ein Satz: das Herzensgebet «Jesus Christus – gestern und heute, und derselbe auch in Ewigkeit», das indische «So-ham» («Das bin ich»), ein zweisilbiges, auf dem Atem gesprochenes «Danke», ein knapper Spruch wie «Sonne auf – Sonne ab». Und vieles mehr. Folgen Sie nur dem, was der Mensch, den Sie begleiten, wünscht. Wenn Sie (als Sterbender oder Begleiter) allein sind, wählen Sie den Spruch oder das Bild oder Lied aus, das in Ihnen heilvolle Erinnerungen und Gefühle auslöst.
3. Sie können dieses Summen oder Sprechen oder Singen mit dem Atem verbinden, damit ein gleichmäßiger Rhythmus entsteht. Atmen Sie mit dem anderen mit.

Anmerkungen

1 Erste Predigt Sonntag Invokavit am 9. März 1522 (Studienausgabe in 3 Bänden, Hrsg. Hans-Ulrich Delius, Bd. 2, Berlin: Evangelische Verlagsanstalt 1982, S. 530).

2 Platon, Phaidon 67 a–c.

3 Gleichwohl handeln die folgenden Ausführungen nur am Rande von den medizinischen und pflegerischen Aspekten des Sterbens und der Sterbebegleitung. Dafür möchte ich auf die vorzügliche Schrift von Gian Domenico Borasio verweisen: Über das Sterben. Was wir wissen. Was wir tun können. Wie wir uns darauf einstellen, München: C.H.Beck 2012 (11. Auflage). Die folgenden Überlegungen verstehen sich als Ergänzung hinsichtlich der spirituellen und personalen Dimension des Sterbens.

4 Joan Halifax, Im Sterben dem Leben begegnen. Mut und Mitgefühl im Angesicht des Todes, Bielefeld: Theseus 2014 (3. Auflage), S. 280.

5 Zitiert nach: Reden und Gleichnisse des Tschuang Tse, Deutsche Auswahl von Martin Buber, Leipzig: Insel 1921, S. 74 f.

6 Regina und Michael von Brück, Leben in der Kraft der Rituale. Religion und Spiritualität in Indien, München: C.H.Beck 2011, S. 124 ff.

7 Berühmte Beispiele sind der Ramanashram in Tiruvannamalai (Ramana Maharshi), Sri Gnanananda Tapovanam bei Tirukoiylur (Swami Gnanananda), der Ashram von Swami Ramdas und Mutter Krishnabai im Norden Keralas, der Ashram Muktanandas in Ganeshpuri bei Bombay, um nur einige zu nennen, die zu Pilgerzentren geworden sind.

8 Dieses Bild stammt von dem indischen Philosophen Shankara (um 800 n. Chr.), Vivekacudamani, 483.

9 Ich benutze die konkrete und einsichtsvolle Übersetzung: Laudse, Daudedsching. Übersetzt und herausgegeben von Ernst Schwarz, Leipzig: Reclam 1970.

10 Dazu: Günter Rager/Michael von Brück, Grundzüge einer modernen Anthropologie, Göttingen: Vandenhoeck & Ruprecht 2012, S. 157 ff.

11 Martin Buber (Hrsg.), Reden und Gleichnisse des Tschuang-Tse. Leipzig: Insel 1921, S. 47.

12 Dschuang Dsi, Das wahre Buch vom südlichen Blütenland. Übersetzt von Richard Wilhelm, Düsseldorf: Diederichs 1969, S. 92 f.

13 Mediziner vermuten dann, dass diese mit Sauerstoffmangel und seinen Folgen im Gehirn, nämlich einer «Stressreaktion» der Neuronenverbindungen, erklärt werden könnten. Das ist aber nur eine mögliche Beschreibung der biologischen Basis, keine Erklärung von Funktion und Inhalt. Denn es ist nicht klar, warum die «rationalen» Zustände des Bewusstseins im Alltag mehr «Wahrheitsgehalt» enthalten sollten als Zustände wie Traum oder Nahtod- beziehungsweise Versenkungszustand, bei denen allerdings andere neurologisch und biologisch beschreibbare Korrelate gemessen werden. Man könnte lediglich behaupten, dass die üblichen Wachzustände des Bewusstseins eine Raum-Zeit-Koordinierung erlauben, die nützlich ist für die Entscheidungsfindung in Alltagssituationen, weshalb sie, evolutionstheoretisch gesprochen, einen Vorteil darstellen. Das ist aber keine Aussage über den Wahrheitsgehalt, sondern ein Nützlichkeitskriterium, das nur in begrenztem Rahmen gültig ist. Der Weise, der hier beschrieben wird, nimmt die Dinge, wie sie kommen. Alle Erwartungen an das Handeln, die eine Gesellschaft hat (Ausdruck von Trauer oder Überwindung derselben), was man tun und lassen sollte, Wandlungen und Nichtwandlungen, Leben und Sterben, Traum und Wachen – sie alle entfalten sich aus dem einen Grund von allem. Es gibt keine Ursache für Beunruhigung, der Weise lässt sich in dieses schöpferische Universum ein, er schwingt mit. Und er ist somit nicht getrennt von dem All-Einen.

14 Zur Bedeutung von Ritualen ausführlicher: Regina und Michael von Brück, Leben in der Kraft der Rituale. Religion und Spiritualität in Indien, München: C.H.Beck 2011.

15 Ich übernehme hier Gedanken und Texte, die ich bereits in meinem Buch «Ewiges Leben oder Wiedergeburt?», Freiburg: Herder 2007, S. 191 ff., formuliert habe.

16 Eine vorzügliche Darstellung, die sich auf das Wichtige konzentriert, gibt Gian Domenico Borasio, Über das Sterben. Was wir wissen. Was wir tun können. Wie wir uns darauf einstellen, München: C.H.Beck 2012 (10. Aufl.), S. 16 ff. und S. 72 ff. Sehr hilfreich ist auch das erfahrungsgesättigte Buch von Dorothea Mihm/Annette Bopp, Die sieben Geheimnisse guten Sterbens, München: Goldmann 2017 (3. Auflage).

17 Eva Lobsang Dargyay und Gesche Lobsang Dargyay, Das tibetische Buch der Toten, Bern/München/Wien: Scherz 1977; Sogyal Rinpoche, Das tibetische Buch vom Leben und vom Sterben, Weilheim/Bern: O. W. Barth 1996.

18 Das «Totenbuch» (tibet. *bar do thos grol*, gesprochen: Bardo Thödol) ist weder ein Buch für die Toten noch über die Toten, sondern kann treffender als «Buch der spontanen Befreiung vom Zwischenzustand» (Lama Anagarika Govinda, 1898–1985) bezeichnet werden. In der Praxis wird der Text durch mündliche Erläuterungen kompetenter Lamas ergänzt. Die folgenden Erklärungen stützen sich teilweise auf die mündlichen Kommentare von Kalu Rinpoche (Darjeeling, 1983) sowie auf meine Gespräche mit Lamas und tibetischen Ärzten (Amchi) in den Jahren nach 2005 in Ladakh. Quellen für die folgenden Erläuterungen sind ferner: Der XIV. Dalai Lama, Logik der Liebe, München: Dianus trikont 1986, S. 213 ff.; Geshe Thubten Ngawang, Tod, Bardo und Wiedergeburt, Hamburg: Tibet. Zentrum 1985, sowie mündliche Belehrungen durch den Dalai Lama, Lati Rinpoche und Zong Rinpoche. Ausführlich: Michael von Brück, Einführung in den Buddhismus, Frankfurt a. M.: Verlag der Weltreligionen (Insel) 2007, S. 426 ff.

19 Dalai Lama, The Kalacakra Tantra. Rite of Initiation, London: Wisdom Publ. 1985, S. 272 f; Dalai Lama, Logik der Liebe, a. a. O., S. 223; Lati Rinbochay, Death, Intermediate State and Rebirth in Tibetan Buddhism, London: Rider 1979, S. 69 ff.

20 Ausführlicher dazu: Sogyal Rinpoche, Das tibetische Buch vom Leben und vom Sterben, Weilheim/Bern: O. W. Barth 1996, sowie Regina und Michael von Brück, Die Welt des tibetischen Buddhismus, München: Kösel 1996, S. 82 ff.

21 Ernst Bloch, Tübinger Einleitung in die Philosophie (1963), Frankfurt a. M.: Suhrkamp 1970, S. 13.

Das Meditationszentrum Domicilium hat eine Palliativ-Spirituelle Akademie gegründet und bietet turnusmäßig Ausbildungen an (Palliativ-Spirituelle Fortbildung, zertifiziert von der Deutschen Gesellschaft für Palliativmedizin) für Ärzte, Palliative Pflegedienste, Krankenschwestern und -pfleger sowie alle Menschen, die um eine Würde des Sterbens bemüht sind. Die Ausbildung erfolgt in Blöcken und dauert zwei Jahre. Information: www.domicilium-weyarn.de

Michael von Brück bietet regelmäßig Meditationskurse (Zen und Yoga) in verschiedenen Zentren in Deutschland und der Schweiz an. Information: www. michael-von-brueck.de